―Español básico―

Nueva Edición

プラサ・マヨールⅠ 改訂ソフト版 ―ベーシック・スペイン語―

青砥清一
パロマ・トレナド
高松英樹
二宮 哲
柳沼孝一郎
松井健吾
ハビエル・カマチョ・クルス
シルビア・リディア・ゴンサレス
グレゴリ・サンブラノ

朝日出版社

PAÍSES HISPANOHABLANTES

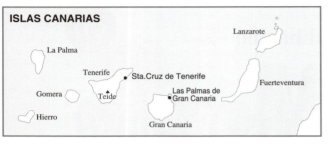

「Webストリーミング音声」と「文法解説動画」

■ 本テキストの音声が Web ストリーミングでお聞きいただけます。

■ 本テキストの Guía Práctica Gramatical の文法項目に準拠した文法解説動画をご覧いただけます。
（動画制作：神田外語大学メディア教育センター）

https://text.asahipress.com/free/spanish/plazamayor1soft

音声ダウンロード

音声再生アプリ「リスニング・トレーナー」（無料）

朝日出版社開発のアプリ、「リスニング・トレーナー（リストレ）」を使えば、教科書の音声をスマホ、タブレットに簡単にダウンロードできます。どうぞご活用ください。
※本テキスト添付のCDと同内容です。

まずは「リストレ」アプリをダウンロード

» App Store はこちら　　　　» Google Play はこちら

アプリ【リスニング・トレーナー】の使い方
① アプリを開き、「**コンテンツを追加**」をタップ
② QRコードをカメラで読み込む

③ QRコードが読み取れない場合は、画面上部に 55166 を入力し「Done」をタップします。

QRコードは(株)デンソーウェーブの登録商標です

◆ 本テキストの音声は CD でのご提供から音声アプリ「リスニング・トレーナー」（無料）とストリーミングでのご提供に変更いたしました。

◆ 本テキストに CD は付きません。

スペイン語への招待
～スペイン語をはじめて学ぶ人のために～

　スペイン語は，スペインをはじめラテンアメリカなど20以上の国々と，米国のヒスパニックをふくめ4億ちかい人々によって話されている言語です．英語，フランス語，中国語，ロシア語とならんで国連の公用語でもあり，話者人口や話されている国々の数や地域の広さから考えても，スペイン語はまさに「21世紀の国際語」ともいうべき言語です．

　この **Plaza Mayor I – Español básico – Nueva Edición**（プラサ・マヨール I 改訂ソフト版 ―ベーシック・スペイン語―）は，国際語であるスペイン語を「学んでみよう！」と望まれる方のために，実際にスペイン語でコミュニケーションがとれるようにと願い，新たに編集委員として松井健吾氏，ハビエル・カマチョ・クルス氏，シルビア・リディア・ゴンザレス氏，及びグレゴリ・サンブラノ氏をお迎えし，既刊の **Plaza Mayor I – Español comunicativo –**（プラサ・マヨール I ―コミュニケーション・スペイン語―）を改訂ソフト版として編纂されたものです．このテキストの特徴は次のとおりです．

◇ 言語習得には「読む」「話す」「聞く」「書く」の4要素が欠かせません．スペイン語でコミュニケーションをとるためには基礎文法の学習は不可欠です．スペイン語の根幹をマスターしていただくために，直説法の現在時制・過去時制・未来時制の学習にとどめました．

◇ 各課は，**Diálogo**（会話），**Guía Práctica Gramatical**（文法解説），**Ejercicios**（練習問題）で構成されています．

◇ **Diálogo** はその課で学習する事項を用いた会話です．覚えておくと便利な表現（**EXPRESIONES**）もふくめ，**Diálogo**とストーリーが関連する **Lecturas**（巻末に掲載してあります）とあわせて，会話中心の授業にも対応できるように工夫しました．

◇ **Guía Práctica Gramatical** は基本的な文法学習の「道しるべ」です．学習者は授業の前に必ず目をとおしておいてください．

◇ **Ejercicios** は **Guía Práctica Gramatical** の学習事項と連動しています．［1］，［2］という具合に文法学習ごとに組まれてありますので，文法学習が終了しましたら次に練習問題に進んでいただけます．［3］はスペイン語訳の練習問題です．

◇ **Guía Práctica Gramatical** の例文は文法解説のためだけのものではなく，**Ejercicios** の練習問題も口語表現として日常生活で実際に使える，シチュエーションのあるものを心がけました．会話文，本文の例文，練習問題の文を発音して練習してください．**Diálogo, Guía Práctica Gramatical** の動詞の活用形や例文などをできる限り収録した **CD** を聞きながら何度も繰り返して練習してください．それがスペイン語をマスターする秘訣です．

◇ 語彙力を養うために巻末には，「動詞と形容詞」，さらに各課ごとにまとめた**VOCABULARIO BÁSICO**（基本語彙集）が掲載されています．

◇ 別冊として携帯サイズの「便利手帳」を用意しました．旅行に欠かせない用語や時事用語，専門用語，学習に便利なよう主要動詞活用集もコンパクトにまとめてあります．

◇ 改訂ソフト版では **Ejercicios** の項がバージョンアップされています．

　本書の出版の機会を与えて下さり，改訂ソフト版の完成まで温かく見守り，全面的な支援を賜りました朝日出版社の藤野昭雄氏と山田敏之氏そして編集部の山中亮子氏には心から感謝の意を表するものです．

　このテキストがスペイン語を学びたいと熱望する皆さんを「スペイン語の世界」へ誘い，スペイン語圏の豊かな文化世界へ旅立てるよう多少なりともお役に立てればこれほどの喜びはありません．

¡Buen viaje!

2013年盛夏

著者

ÍNDICE（目次）

登場人物相関図 ——『プラサ・マヨール』で数倍楽しく学ぶために *1*

Lección 1 —— *Hola, ¿qué tal?* *2*

    1. アルファベット   2. 母音   3. 二重母音
    4. 子音   5. 二重子音   6. アクセントの位置

Lección 2 —— *Un café, por favor.* *6*

    1. 名詞の性 2. 名詞の数 3. 冠詞 (不定冠詞，定冠詞) 4. 主語人称代名詞

Lección 3 —— *Soy estudiante.* *10*

    1. **ser** の直説法現在   2. 形容詞の性と数   3. 疑問文と否定文

Lección 4 —— *La Plaza Mayor está en el centro.* *14*

    1. **estar** の直説法現在   2. **hay** + 名詞   3. **ser** と **estar** の比較
    4. **estar** と **hay** の比較   5. 指示形容詞
    ★ 不定語と否定語

Lección 5 —— *Estudio español con una profesora muy simpática.* *18*

    1. **-ar** 動詞の直説法現在   2. 疑問詞の用法
    3. 間接目的語につく前置詞 **a**   4. 直接目的語が人間の場合につく前置詞 **a**
    ＊ 基数 (1) (0 〜100)

Lección 6 —— *¿Qué comemos?* *22*

    1. **-er** 動詞の直説法現在   2. **-ir** 動詞の直説法現在
    3. 所有形容詞の短縮形 (前置形)   4. 所有形容詞の完全形 (後置形)

Lección 7 —— *Me gusta mucho la música.* *26*

    1. 目的格人称代名詞 (間接目的格，直接目的格，同時に用いられる場合)
    2. **gustar** 型動詞の用法   ★ 前置詞格の人称代名詞

Lección 8 —— *Quiero verte esta noche.* *30*

    1. 語根母音変化動詞 (直説法現在)   2. **querer** と **poder** の用法

Lección 9 —— *¿Cuántos años tienes?* *34*

    1. 1人称単数形が不規則な動詞 (直説法現在)
    2. **hace** の用法 (天候表現，時の経過を表す)
    3. その他の不規則動詞 (**tener, venir, decir, oír, ir**)

Lección 10 —— *Me levanto muy temprano.* ⋯⋯ *38*

　　1. 再帰動詞　　2. 無人称文　　3. 感嘆文　　✳　基数(2)(101 ～1.000.000)

Lección 11 —— *¿Has comido ya?* ⋯⋯ *42*

　　1. 過去分詞　　2. 直説法現在完了　　3. 現在分詞
　　✳　序数 (primero, segundo, tercero... décimo)

Lección 12 —— *Ayer estudié mucho.* ⋯⋯ *46*

　　1. 直説法点過去 (規則動詞)　　2. 不定語と否定語のまとめ
　　3. 比較表現 (優等比較, 劣等比較, 同等比較, 最上級, 不規則な比較級)

Lección 13 —— *Ayer fui al cine con mis amigos.* ⋯⋯ *50*

　　1. 直説法点過去 (不規則動詞, 特殊な活用動詞, 語根母音変化動詞)

Lección 14 —— *De niño yo vivía en el campo.* ⋯⋯ *54*

　　1. 再帰動詞の点過去　　2. 受け身表現　　3. 直説法線過去

Lección 15 —— *¿Estarás en casa mañana?* ⋯⋯ *58*

　　1. 直説法未来　　2. 直説法過去未来

Lección 16 —— *¡Pórtate bien!* ⋯⋯ *62*

　　1. 命令文（**tú, vosotros, usted, ustedes** に対する肯定命令
　　　　再帰動詞の命令, **nosotros** に対する命令，否定命令）
　　★ 接続法現在形の作り方

動詞と形容詞 ⋯⋯ *66*

Lecturas (Lectura 3～14) ⋯⋯ *67*

VOCABULARIO BÁSICO ⋯⋯ *74*

装丁
森田幸子

地図製作
岩崎三奈子

イラスト
メディアアート

装丁写真
スペイン政府観光局

登場人物相関図

『プラサ・マヨール』で数倍楽しく学ぶために

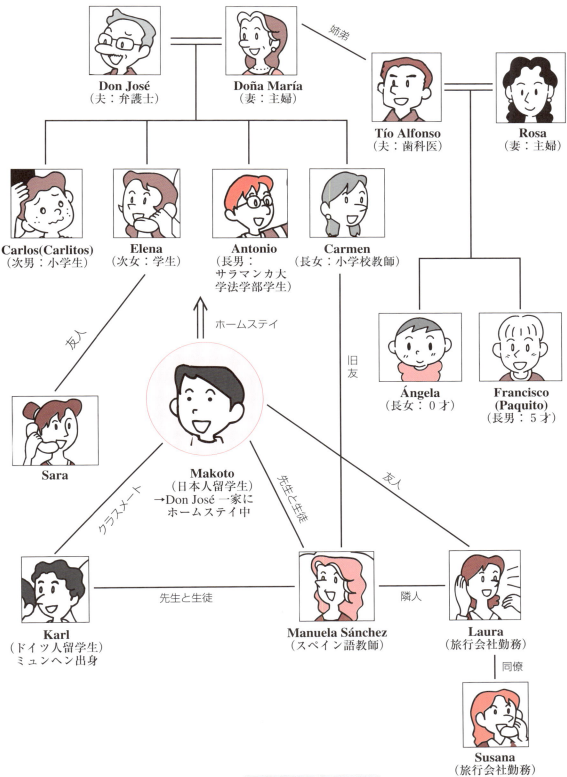

Lección 1 — Hola, ¿qué tal?

¡Hola!
— Hola, Jorge. ¿Qué tal?
— Muy bien, gracias.

Buenos días, señor.
Buenas tardes, señora.
Buenas noches, señorita.

— ¿Cómo estás?
— Así, así.

Mucho gusto.
Encantado. (Encantada.)

¡Adiós!
Adiós, hasta mañana.
Hasta luego. (Hasta pronto.)

Gracias.
Muchas gracias.
De nada.
No, gracias.

¡Salud!

Guía Práctica Gramatical 1

CD-3

1. アルファベット (alfabeto)

A	a	(a)	N	n	(ene)
B	b	(be)	Ñ	ñ	(eñe)
C	c	(ce)	O	o	(o)
*Ch	ch	(che)	P	p	(pe)
D	d	(de)	Q	q	(cu)
E	e	(e)	R	r	(ere)
F	f	(efe)		rr	(erre)
G	g	(ge)	S	s	(ese)
H	h	(hache)	T	t	(te)
I	i	(i)	U	u	(u)
J	j	(jota)	V	v	(uve)
K	k	(ka)	W	w	(uve doble)
L	l	(ele)	X	x	(equis)
*Ll	ll	(elle)	Y	y	(i griega)
M	m	(eme)	Z	z	(zeta)

注 辞書の配列では ch と ll はそれぞれ c と l の項に入れる. （　）内は文字の名称.

2. 母音 (a e i o u)

CD-4

a : ama amigo Ana
e : enero beso mesa
o : oso poco oro toro
i : pino idea interés
u : uno uso un una

3. 二重母音 : 強母音と弱母音，弱母音と強母音，弱母音どうしの組み合わせによって母音が並ぶ場合，ひとつの母音のように発音する.

CD-5

aire aceite piano pie
auto agua ruido viuda

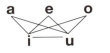

(強母音)
(弱母音)

4. 子音

CD-6

b, v : bien bota basta ; vino vaca uva
c (ca co cu) : casa cosa cuna   *(que qui) → q
　(ce ci) : cena centro cine
　　*(za ze zi zo zu) → z

3

ch : coche   China   chico   muchacho   chocolate
d : nada   dedo ; usted   Madrid (語末ではほとんど無音)
f : fama   fecha   foto   familia   fútbol
g (ge gi) : gente   geografía   gitano   gigante
     * (ja je ji jo ju) → j
  (ga go gu) : gato   goma   tango   gusto
  (gue gui) : Miguel   guerra   guitarra   águila
  (güe güi) : bilingüe   cigüeña   Lingüística
h (無音) : hombre   hermano   hoy   ahora   alcohol   zanahoria
j : Japón   Jiménez   jugo   tarjeta ; reloj (語末ではほとんど無音)
l : lana   león   limón   lobo   luna
ll : llave   calle   lleno   llover   Sevilla
m : mano   mamá   amigo   moda   museo   muchacha
n : nada   negro   nombre   animal   nunca
ñ : España   español   niño   señorita   señor   mañana
p : papá   pelo   papel   pipa   país   poeta
q (que qui のみ) : que   queso   paquete   aquí   quince
r : cara   pero   tarde ; (r-,-rr-)   radio   rosa   correo
s : sábado   seda   sitio   sol   sueño   mes   isla
t : tarde   tanto   tinta   tomate   todo   túnel
x [ks] : examen   taxi   exacto (x＋母音の場合)
  [s] : texto   extranjero   expreso (x＋子音の場合)
  [x] : México   mexicano (Méjico, mejicano ともつづる)
y : ya   mayo   ayer   ayuda   [i]: y   muy
z : zapato   zebra   zigzag   zoo   zona   zumo

5. 二重子音 (l または r をしたがえた二つの子音の組み合わせ)

pl pr : plaza   prueba   bl br : blanco   breve
fl fr : flor   fruta   cl cr : clase   crema
gl gr : siglo   negro   tr/dr : tren   madre

6. アクセントの位置

① 母音または -n, -s で終わる語は最後から 2 番目の音節.
   casa   noche   semana   libro   primavera   joven   lunes

② -n, -s 以外の子音で終わる語は最後の音節.
   papel   mujer   capital   reloj   arroz   usted   Madrid

③ アクセント符号のある語はその母音.
   música   máquina   árbol   razón   estación   café   lección

4

Ejercicios 1

CD-9

[1] 次のスペイン語圏の主な国名を読みなさい．
España Argentina Bolivia Chile Colombia Costa Rica Cuba
Ecuador El Salvador Guatemala Honduras México Nicaragua
Panamá Paraguay Perú Uruguay Venezuela Puerto Rico

CD-10

[2] 次の固有名詞を読みなさい．
María Juan Juana José Josefa Ramón Colón Don Quijote
Asia Corea China India Israel África Egipto Marruecos
Europa Alemania Austria Bélgica Francia Grecia Holanda
Inglaterra Italia Rusia Estados Unidos Brasil Canadá

CD-11

[3] 次の単語を読みなさい．

cero uno dos tres cuatro cinco seis siete ocho nueve diez once doce trece catorce quince
primero segundo tercero cuarto quinto sexto séptimo octavo noveno décimo
primavera verano otoño invierno
lunes martes miércoles jueves viernes sábado domingo
norte sur este oeste
enero febrero marzo abril mayo junio julio agosto septiembre octubre noviembre diciembre

闘 牛（Corrida de toros）

Lección 2 — Un café, por favor.

(En la cafetería)

Camarera	:	Buenos días, señor.
Señor	:	Buenos días, señorita. Un café, por favor.
Camarera	:	Sí, señor.

Señor	:	Buenas tardes. Un chocolate, por favor.
Camarera	:	¿Unos churros, señor?
Señor	:	¡Ah, sí! Y también un vaso de agua, por favor.

(En el bar)

Camarera	:	¡Muy buenas noches, señores!
Señor A	:	Buenas noches. Un vino, por favor.
Camarera	:	Muy bien, señor. ¿Y usted, señor?
Señor B	:	Una cerveza, por favor.
Camarera	:	Sí, señores. Enseguida.

Guía Práctica Gramatical 2

1. **名詞の性**
   1) 自然の性があるもの.
      - **男性名詞 (m.)**： padre　hombre　hijo　niño　amigo　gato
      - **女性名詞 (f.)**： madre　mujer　hija　niña　amiga　gata
   2) 自然の性がないもの（文法上の性）は語尾で見分ける.
      ① **-o で終わる語は男性名詞**.
         - libro　puerto　vaso　trabajo　desayuno
      ② **-a, -d, -ción, -sión などで終わる語は女性名詞**.
         - casa　puerta　mesa　ciudad　nación　ocasión
   3) 例外
      ① **(女性名詞)**　mano　foto (fotografía)　moto (motocicleta)　radio (radiodifusión)
      ② **(男性名詞)**　día　mapa　sofá　idioma　programa　problema

2. **名詞の数**（複数形の作り方）
   1) 母音で終わる語には **-s** をつける.
      - libro → libro**s**　casa → casa**s**　vaso → vaso**s**
   2) 子音で終わる語には **-es** をつける.
      - profesor → profesor**es**　papel → papel**es**　flor → flor**es**

3. **冠詞**
   1) **不定冠詞**：名詞につけて「ある，ひとつの，一人の」などを表す.
      男性形 **un, unos** と女性形 **una, unas** がある.
      複数形は「いくつかの，約」などを表す.

	単数	複数
男性	**un** niño	**unos** niños
女性	**una** niña	**unas** niñas

      - un amigo → unos amigos
      - un libro → unos libros
      - una chica → unas chicas
      - una revista → unas revistas

2) **定冠詞**：特定の名詞，一般名詞，総称的な意味をもつ名詞，物質名詞や抽象名詞などにつける．男性名詞には **el, los** を，女性名詞には **la, las** をつける．

	単数	複数
男性	el libro	los libros
女性	la casa	las casas

el chico → los chicos   la chica → las chicas
el profesor → los profesores   la señora → las señoras
el hombre → los hombres   la mujer → las mujeres
el paraguas → los paraguas

4. 主語人称代名詞

	単数	複数
1人称	yo	nosotros, nosotras
2人称	tú	vosotros, vosotras
3人称	él	ellos
	ella	ellas
	usted	ustedes
	(Ud., Vd.)	(Uds., Vds.)

＊ **Ud., Vd.** は **usted** の省略形．**Uds., Vds.** は **ustedes** の省略形．

フラメンコ（Flamenco）

8

Ejercicios 2

[1] 次の名詞に不定冠詞をつけて，それを複数形にしなさい．

1) revista — *una revista*
   — *unas revistas*

2) caja —
   —

3) muchacho —
   —

4) amigo —
   —

5) hijo —
   —

6) chica —
   —

7) niño —
   —

8) niña —
   —

9) camisa —
   —

10) abrigo —
   —

11) hombre —
   —

12) mujer —
   —

[2] 次の名詞に定冠詞をつけて，それを複数形にしなさい．

1) mesa — *la mesa*
   — *las mesas*

2) silla —
   —

3) periódico —
   —

4) comida —
   —

5) fruta —
   —

6) árbol —
   —

7) profesor —
   —

8) universidad —
   —

9) pared —
   —

10) estación —
   —

11) canción —
   —

12) calle —
   —

13) joven —
   —

14) hotel —
   —

15) flor —
   —

16) avión —
   —

17) moto —
   —

18) foto —
   —

19) mano —
   —

20) coche —
   —

9

Lección 3   Soy estudiante.

Antonio	:	¡Hola, Makoto! ¿Qué tal?
Makoto	:	Bien, gracias. Antonio, es mi amigo Karl.
Antonio	:	¡Hola! Soy Antonio. **Mucho gusto.**
Karl	:	**Encantado.** Soy Karl.
Antonio	:	Eres americano, ¿verdad?
Karl	:	No, no soy americano. Soy alemán, de Munich. Y tú, **¿de dónde eres?**
Antonio	:	**Soy de Salamanca.** ¿Eres estudiante?
Karl	:	Sí. Makoto y yo somos compañeros de la Escuela de Idiomas. **¿Qué eres?**
Antonio	:	**Soy estudiante** de la Universidad de Salamanca. ¿Quién es el profesor de español?
Karl	:	El profesor es Ramón Ávila.
Antonio	:	**¿Cómo es el profesor?**
Makoto	:	**Es alto y delgado.** Es muy alegre y simpático.
Antonio	:	¿Es fácil el español?
Karl	:	¡Hombre, es muy difícil!

EXPRESIONES

1. Mucho gusto. （はじめましてどうぞよろしく）
   Encantado. (Encantada.) （はじめまして、よろしく）
2. — ¿De dónde eres? （君はどこの生まれなの？）
   — Soy de Salamanca. （私はサラマンカの生まれです）
3. — ¿Qué eres? （君の職業は？）
   — Soy estudiante. （私は学生です）
4. — ¿Cómo es el profesor? （先生はどんな人ですか？）
   — Es alto y delgado. （背が高くて、やせています）

Guía Práctica Gramatical 3

1. ser の直説法現在

A) 活用

yo	soy	nosotros, nosotras	somos
tú	eres	vosotros, vosotras	sois
él, ella usted	es	ellos, ellas ustedes	son

B) 用法

1 **ser ＋ 名詞**：主語の身分・職業・国籍などを表す．（名詞は一般的に冠詞をとらない．）

   Soy estudiante.
   Juan es médico.
   ¿Eres español? — Sí, soy español.
   Tú y yo somos amigos.

   注 スペイン語では文脈から主語が明らかな場合は，主語を省略することができる．

2 **ser ＋ 形容詞**：主語の永続的な性質や形状などを表す．（形容詞は主語の性・数に一致する．→ 形容詞については p.12 を参照．）

   La mesa es redonda.
   José es alto. María es alta también.

3 **ser de ＋ 名詞**：主語の出身地・所有・材料などを表す．

   Soy de México. ← ¿De dónde eres?
   El coche es de José. ← ¿De quién es el coche?
   La mesa es de madera. ← ¿De qué es la mesa?

4 時刻・曜日・月日などを表す．

   ¿Qué hora es? — Es la una. Es la una y cinco.
   　　　　　　　　　Es la una y cuarto.
   　　　　　　　　　Es la una y media.
   　　　　　　　　　Son las dos y diez.
   　　　　　　　　　Son las tres menos cinco.
   ¿Qué día es hoy? — Hoy es domingo.
   ¿Qué fecha es hoy? — Hoy es dos de enero.

2. 形容詞の性と数

形容詞は修飾する名詞の性・数によって語尾が変化する.

1) 男性単数形が -o で終わる形容詞：性・数変化する.

	単数	複数
男性	chico **guapo**	chicos **guapos**
女性	chica **guapa**	chicas **guapas**

un niño bonito → unos niños bonitos
una niña bonita → unas niñas bonitas

* **unos, unas** は「いくつかの，約」の意味を表す．→ p.7 を参照

2) 男性単数形が -o 以外で終わる形容詞：男女同形. 数変化のみ.

	単数	複数
男性	abrigo **azul**	abrigos **azules**
女性	corbata **azul**	corbatas **azules**

un vestido verde → unos vestidos verdes
una camisa verde → unas camisas verdes

3) 男性単数形が -o 以外で終わる国名・地名の形容詞：性・数変化する.

	単数	複数
男性	chico **español**	chicos **españoles**
女性	chica **española**	chicas **españolas**

3. 疑問文と否定文

1) 疑問文は前後に疑問符 (¿ ?) をつける. 否定文は動詞の前に **no** をつける.

¿Eres japonesa? — Sí, soy japonesa.
— No, no soy japonesa. Soy china.

2) 疑問詞を用いる疑問文：語順は［疑問詞＋動詞＋主語］が一般的.

¿Quién es ella? — Es Carmen.
¿Qué es Carmen? — Es enfermera.
¿Cómo es Carmen? — Es joven, guapa e inteligente.
¿Qué hora es? — Es la una.
¿Cuándo es la boda? — La boda es mañana.
¿De dónde son ustedes? — Somos de Argentina.
¿Cuánto es? — Son diez euros.

Ejercicios 3

[1] (   ) 内に **ser** の適切な活用形を入れなさい.

1) ¡Hola! Yo (   ) Antonio. Mucho gusto.

2) Francisco y Miguel (   ) estudiantes de la Universidad de Salamanca.

3) El cielo (   ) azul. Las nubes (   ) blancas.

4) ¿(   ) (tú) japonesa? — Sí, (   ) japonesa. (   ) de Tokio.

5) El diccionario (   ) de José.

6) El paraguas (   ) de color rojo.

7) ¿De dónde (   ) vosotros? — (   ) de Barcelona, España.

8) ¿Cuándo (   ) el examen? — El examen (   ) pasado mañana.

9) ¿Qué hora (   )? — (   ) las dos en punto.

10) ¿Qué fecha (   ) hoy? — Hoy (   ) diez de abril.

[2] (   ) 内の形容詞を適切な形にして，複数形にしなさい.

1) comida (rico -   ) →

2) canción (alegre -   ) →

3) bebida (fresco -   ) →

4) mujer (delgado -   ) →

5) árbol (alto -   ) →

[3] スペイン語で表現しなさい.

1) ホセのお父さんは弁護士です.

2) カルロスはコロンビアの出身で，エンジニア (ingeniero) です.

3) それらのコップは紙でできています.

4) 今日は何曜日ですか？

5) いま何時ですか？ — ちょうど10時半です.

Lección 4 La Plaza Mayor está en el centro.

(Don José y Makoto ahora están en la sala.)

Makoto	:	¡Buenos días, Don José! ¿Cómo está usted?
Don José	:	¡Hola, Makoto! Buenos días, **¿qué tal estás?** ¿No hay clase hoy?
Makoto	:	No, no hay clase por la mañana, pero por la tarde hay dos clases de español. ¿Está usted en casa hoy?
Don José	:	Sí, Makoto. **Ahora estoy de vacaciones**.
Makoto	:	**¡Qué bien!** Don José, **¿no hay nadie en casa?**
Don José	:	**Mi mujer está de compras.** Antonio y Elena están en clase.
Makoto	:	¿Carlos tampoco está en casa? ¿Está en la escuela?
Don José	:	**¡Pobrecillo!** Carlos está en cama.
Makoto	:	¿Está enfermo?
Don José	:	Sí, pero no está grave. Está un poco resfriado. Ahora está dormido.
Makoto	:	**¡Lo siento!** ¡Ah, pobrecito Carlos!

EXPRESIONES

1. **¿Qué tal estás?**　（やあ、元気かい？）
2. **Ahora estoy de vacaciones.**　（今、私は休暇中です）
   Mi mujer está de compras.　（家内は買い物に行っています）
3. **¡Qué bien!**　（それはいいですね！）
4. **¿No hay nadie en casa?**　（家には誰もいないのですか？）
5. **¡Pobrecillo!** (=¡Pobrecito!)　（かわいそうに！）
6. **¡Lo siento!**　（お気の毒です！）

Guía Práctica Gramatical 4

1. estar の直説法現在

A) 活用

yo	estoy	nosotros (–tras)	estamos
tú	estás	vosotros (–tras)	estáis
él, ella usted	está	ellos, ellas ustedes	están

B) 用法

1. **estar ＋ 副詞・形容詞**：主語の状態を表す．（形容詞は主語の性・数に一致する．
   →形容詞については p.12 を参照）

   Estoy muy bien.
   ¿Cómo estás? — Estoy mal.
   El bar está abierto.
   Los bancos están abiertos.
   La puerta está abierta.
   Las ventanas están abiertas.

2. **estar ＋ 場所を表す語句**：主語の所在を表す．

   Madrid está en el centro de España.
   Los niños están en el patio.
   ¿Dónde está Carmen? — Está en la cocina.
   La Plaza Mayor está en el centro de la ciudad.

2. hay ＋ 名詞

「～がある，いる」の意味で，存在（有無）を表す．（hay は haber の特別な形）

Aquí hay un libro (unos libros / tres libros / muchos libros).

Ahí hay una muchacha (muchos jóvenes).

Allí hay una casa blanca (unas casas blancas).

¿Hay alguien en casa? — No, no hay nadie en casa.

No hay problema.

 不定語と否定語　(→p.47 を参照)　　alguien（誰か）　nadie（誰も～ない）
　　　　　　　　　　　　　　　　　　　　　　algo（何か）　　nada（何も～ない）

3. ser と estar の比較

ser：性質・性格などを表す．
estar：一時的な状態を表す．

{ Carmen es alegre.
{ Carmen está alegre ahora.

{ La chica es muy nerviosa.
{ La chica ahora está muy nerviosa.

{ Antonio es guapo.
{ Antonio está guapo. ¿Por qué está tan guapo?

4. estar と hay の比較

estar：特定の人・物の所在を表す．
hay：不特定の人・物の存在（有無）を表す．

{ Los niños están en el parque.
{ Hay muchos niños en el parque.

{ ¿Dónde está el libro? — El libro está en la mesa.
{ ¿Cuántos libros hay en la mesa? — Hay muchos libros.

{ La Plaza Mayor está en el centro.
{ Hay una plaza en el centro.

5. 指示形容詞

	この	これらの	その	それらの	あの	あれらの
男性	este	estos	ese	esos	aquel	aquellos
女性	esta	estas	esa	esas	aquella	aquellas

este libro → estos libros   esa casa → esas casas
aquel joven → aquellos jóvenes   aquella chica → aquellas chicas
esta noche   esta semana   este mes   este año

Ejercicios 4

[1] ( ) 内に **estar** の適切な活用形と形容詞を入れなさい.

1) Doña María ( ) mal.
   ( ) ( ). (resfriado)
2) Oye, Carmen. ¿( ) bien?
   — No, ( ) ( ). (cansado)
3) Este café ( ) muy ( ). (caliente)
4) ¿Cómo ( ) la sopa? — ( ) ( ). (frío)
5) Las manos ( ) ( ). (sucio)
6) La habitación ( ) ( ). (desordenado)
7) La Plaza Mayor ( ) cerca de aquí.
8) La universidad ( ) muy lejos de la estación.
9) La salida ( ) a la izquierda del pasillo. (de + el → **del**)
10) Los servicios ( ) al fondo a la derecha. (a + el → **al**)

[2] ( ) 内に **hay** と不定冠詞を入れなさい.

1) ( ) ( ) niñas en el patio.
2) Cerca de la Plaza Mayor ( ) ( ) mercado.
3) ( ) ( ) coches en el garaje.
4) ( ) ( ) quiosco en la esquina.
5) ¿( ) ( ) oficina de correos por aquí cerca?

[3] スペイン語で表現しなさい.

1) すみません (Perdón), 大聖堂 (catedral) はどこですか？

2) 僕は体の具合が悪いです. 風邪をひいています.

3) あなたは今晩お暇ですか？

4) 家に誰かいますか？ — 誰もいませんね.

5) この近くに (por aquí) どこか本屋さん (librería) はありますか？

Lección 5 — Estudio español con una profesora muy simpática.

(Makoto pregunta a un señor en la calle.)

Makoto : **Perdón**, señor. ¿Hay una oficina de turismo por aquí?
Señor : Sí, sí hay una cerca de aquí.
Makoto : ¿Dónde está, señor?
Señor : Queda en la Plaza Mayor, muy cerca de aquí.
Makoto : Muchas gracias, señor.
Señor : **No hay de qué**, joven.

* * *

(Un poco después, Makoto llega a la Oficina de Turismo. Mira dentro y entra. En la oficina trabajan dos empleadas. Una señorita llama por teléfono. Makoto habla con otra que lleva una chaqueta azul y pantalones blancos.)

Makoto : Buenas tardes, señorita.
Srta. : Hola, buenas tardes. **¿Qué desea?**
Makoto : Necesito algunos folletos de Salamanca, o unos planos turísticos de la ciudad.
Srta. : **¡Sí, cómo no!** **Un momento, por favor.**

EXPRESIONES

1. **Perdón.**　(すみません)
2. **No hay de qué.** (= De nada.)　(どういたしまして)
3. **¿Qué desea?**　(何のご用でしょうか？)
4. **¡Sí, cómo no!** (= Por supuesto.)　(はい，かしこまりました)
5. **Un momento, por favor.**　(少々お待ちください)

Guía Práctica Gramatical 5

1. -ar 動詞の直説法現在

  A) hablar の活用（語尾 -ar → **-o, -as, -a, -amos, -áis, -an**）

hablar			
yo	**hablo**	nosotros (-tras)	**hablamos**
tú	**hablas**	vosotros (-tras)	**habláis**
él, ella, usted	**habla**	ellos, ellas, ustedes	**hablan**

  B) 用法

  ① 現在の事柄・状態・動作・習慣などを表す．

   Esperamos el tren procedente de Cádiz.　(← esperar)
   ¿Qué escuchas?
    — Escucho música clásica.　(← escuchar)
   ¿Dónde trabaja usted?
    — Trabajo en un banco.　(← trabajar)
   Siempre tomo café solo.　(← tomar)
   Don José siempre lleva sombrero.　(← llevar)

  ② 確実に行われる未来の事柄を表す．

   Mañana visitamos el Museo del Prado.　(← visitar)
   Mis amigos llegan a Japón pasado mañana.　(← llegar)

2. 疑問詞の用法 **(qué, cuándo, dónde, quién, cómo, cuánto)** (→ p.12 を参照)

   ¿Qué desea usted?　(← desear)
   ¿A qué hora llega el avión?　— Llega con una hora de retraso.
   ¿Por qué no cantas?　— Porque canto mal.　(← cantar)
   ¿Cuándo llegan los turistas?
   ¿Dónde compras el periódico?　(← comprar)
   ¿Quién paga los cafés?　— Yo pago.　(← pagar)
   ¿Cómo estás?　— Muy bien, gracias, ¿y tú?
   ¿Cuánto tardas hasta tu casa?　— Tardo una hora.　(← tardar)

3. 間接目的語につく前置詞 **a**：「〜に」

　　José enseña las fotos a Makoto.　(← enseñar)
　　Yo mando una carta al profesor.　(← mandar)
　　¿A quién regalas estas flores?　(← regalar)
　　¿Dejas este coche a los amigos?　(← dejar)

4. 直接目的語が人間の場合につく前置詞 **a**：「〜を」

　　Busco a María.　(← buscar)
　　　(cf.　Busco un libro.)
　　¿A quién buscas?
　　　(cf.　¿Qué buscas?)
　　¿A quién esperáis?　(← esperar)
　　— No esperamos a nadie.
　　Invitamos a los amigos a la fiesta.　(← invitar)

基数 (Los números cardinales) (1)

(→ p.40を参照)

0　cero		
1　uno	2　dos	3　tres
4　cuatro	5　cinco	6　seis
7　siete	8　ocho	9　nueve
10　diez	11　once	12　doce
13　trece	14　catorce	15　quince
16　dieciséis	17　diecisiete	18　dieciocho
19　diecinueve	20　veinte	21　veintiuno
22　veintidós	23　veintitrés	24　veinticuatro
25　veinticinco	26　veintiséis	27　veintisiete
28　veintiocho	29　veintinueve	30　treinta
31　treinta y uno	32　treinta y dos	40　cuarenta
50　cincuenta	60　sesenta	70　setenta
80　ochenta	90　noventa	100　cien (ciento)

... noventa y ocho, noventa y nueve y cien.
Somos más de cien.

Ejercicios 5

[1] (　　)内の不定詞を適切な現在形に活用させなさい.

1) Yo (estudiar-　　　　　　　　) Derecho en la universidad.

2) Los niños siempre (ayudar-　　　　　　　　) a los padres.

3) Antonio (tocar-　　　　　　　) muy bien la guitarra, pero yo no.

4) Nosotros (entrar-　　　　　　　) en la cafetería.

5) El abuelo (pasear-　　　　　　　) por el parque todas las mañanas.

6) Doña María (llamar-　　　　　　　) por teléfono a la hija todos los días.

7) Siempre (tomar-　　　　　　　) (yo) un vaso de leche por la mañana.

8) La profesora (enseñar-　　　　　　　) historia de España en el colegio.

9) Carmen (cantar-　　　　　) bien. Además (bailar-　　　　　　) muy bien flamenco.

10) ¿A qué hora (terminar-　　　　　　　) la reunión?

— (　　　　　　　) pronto.

11) ¿Cuándo (acabar-　　　　　　　) (vosotros) los deberes?

— (　　　　　　　) los deberes esta noche.

12) ¿Cuánto tiempo (llevar-　　　　　　　) (tú) en Madrid?

— Ya (　　　　　　　) un año y medio en Madrid.

13) ¿Por qué no (arreglar-　　　　　　　) (tú) la habitación? Está muy desordenada.

14) ¿Qué (regalar-　　　　　　　) (vosotros) para el cumpleaños de Carmen?

15) ¿A quién (mandar-　　　　　　　) (tú) estas tarjetas de Navidad?

[2] スペイン語で表現しなさい.

1) 君は誰を待っているの？　— マリオを待っているんだ.

2) あなたは何を探しているのですか？　— 家の鍵を探しているのです.

3) 私はクラスメート (compañeros de clase) を誕生パーティーに招待します.

4) 今日の午後，私は子供たちを映画に連れていきます.

5) あなたは何語 (qué idiomas) を話しますか？

Lección 6   ¿Qué comemos?

Srta. : ¿Eres estudiante? Yo también soy estudiante.
¿Qué estudias en la universidad en Japón?

Makoto : Estudio Ciencias Políticas, ¿y tú?

Srta. : Yo, Literatura.
Oye, **creo que** el japonés es muy difícil, ¿verdad?

Makoto : **Creo que no.** Sobre todo, la pronunciación es fácil para los españoles.

Srta. : ¿Estudias español en la Universidad de Salamanca?

Makoto : No, en una escuela de idiomas que está cerca de aquí.

Srta. : ¿Con quién aprendes español?

Makoto : En este momento, estudio con una profesora...

Srta. : ¿Cómo es la profesora? **¿Cuál es su nombre?**

Makoto : Manuela Sánchez. Es joven, rubia, guapa, simpática, amable e inteligente.
Es decir... es como tú.

Srta. : ¡Ah, gracias! Manuela es mi amiga. Vivimos en el mismo edificio cerca del río.
Somos vecinas. Mi nombre es Laura. **Mucho gusto**.

Makoto : Soy Makoto. **El gusto es mío**.

EXPRESIONES

1. **Oye.**　（〔親しい間柄の人に呼びかけて〕ねえ）
2. **Creo que ....**　（〔～だと〕私は思います）
3. **Creo que no.**　（私はそうは思いません）
4. **¿Cuál es su nombre?**　（その方のお名前は何というのですか？）
5. **Mucho gusto.**　（はじめまして，どうぞよろしく）
   El gusto es mío.　（こちらこそ，どうぞよろしく）

Guía Práctica Gramatical 6

1. -er 動詞の直説法現在

　A) **comer** の活用 （語尾 -er → **-o, -es, -e, -emos, -éis, -en**）

comer			
yo	**como**	nosotros (-tras)	**comemos**
tú	**comes**	vosotros (-tras)	**coméis**
él, ella, usted	**come**	ellos, ellas, ustedes	**comen**

　B) 用法 （→ p.19 を参照）

　　　Los japoneses comemos mucho arroz.　（← comer）
　　　María lee muchas novelas.　（← leer）
　　　Mañana debo ir al hospital.　（← deber）
　　　Creo que tú bebes demasiado.　（← creer, beber）
　　　Todos los días cojo el tren para ir a la universidad.　（← coger）
　　　Después de comer, recojo los platos.　（← recoger）
　　　Después de jugar, los niños recogen los juguetes.

2. -ir 動詞の直説法現在

　A) **vivir** の活用 （語尾 -ir → **-o, -es, -e, -imos, -ís, -en**）

vivir			
yo	**vivo**	nosotros (-tras)	**vivimos**
tú	**vives**	vosotros (-tras)	**vivís**
él, ella, usted	**vive**	ellos, ellas, ustedes	**viven**

　B) 用法 （→ p.19 を参照）

　　　¿Dónde vives? — Vivo cerca de aquí.　（← vivir）
　　　¿A quién escribes las tarjetas postales?　（← escribir）
　　　Abrimos las ventanas para respirar aire fresco.　（← abrir）
　　　Subimos a la montaña este domingo.　（← subir）

3. 所有形容詞の短縮形（前置形）

私の	私たちの	君の	君たちの	彼(ら)の, 彼女(ら)の あなた(がた)の	後続名詞
mi	nuestro	tu	vuestro	su	padre
mi	nuestra	tu	vuestra	su	madre
mis	nuestros	tus	vuestros	sus	hijos
mis	nuestras	tus	vuestras	sus	hijas

＊ **su (sus)** は「彼の」「彼らの」「彼女の」「彼女らの」「あなたの」「あなたがたの」を意味するが，前後関係からいずれかに判断される．

名詞の前に置かれ，「私たちの」「君たちの」の場合には後に続く名詞の性・数に応じて語尾が変化する．

¿Cuándo es tu cumpleaños?
— Mi cumpleaños es pasado mañana.
¿Dónde está vuestra casa?
— Nuestra casa está cerca de aquí

4. 所有形容詞の完全形（後置形）

先行名詞	私の	私たちの	君の	君たちの	彼(ら)の, 彼女(ら)の あなた(がた)の
amigo	mío	nuestro	tuyo	vuestro	suyo
amiga	mía	nuestra	tuya	vuestra	suya
amigos	míos	nuestros	tuyos	vuestros	suyos
amigas	mías	nuestras	tuyas	vuestras	suyas

1) **名詞の後ろに置かれ，名詞の性・数に応じて語尾が変化する．**
   Aquella es la casa de un amigo mío.

2) **ser ＋ 所有形容詞の完全形**：「～は誰々のである」の意味を表す．
   Este libro no es mío, es tuyo.

3) **定冠詞 ＋ 所有形容詞の完全形**：「誰々のもの」を意味する．
   ¿Este paraguas es suyo? — No, el mío está ahí.

Ejercicios 6

[1] （　　）内の不定詞を適切な現在形に活用させなさい.

1) Ana baila muy bien tango y yo (aprender-　　　　　　　) a bailar tango con ella.
2) Don Pepe (vender-　　　　　　　) frutas y verduras en el mercado.
3) ¿(Leer-　　　　　　) (tú) el periódico todas las mañanas?
   — Por supuesto. (　　　　　　　　) todos los días.
4) Yo no (comer-　　　　　　) tanto pero mis hijos (　　　　　　) con muchas ganas.
5) Este abrigo es de piel. (Deber-　　　　　　　) de ser muy caro.
6) ¿(Creer-　　　　　　) (tú) que ella es casada?
   — No, no (　　　　　　　). (　　　　　　　) que ella es soltera.
7) Don José siempre (recibir-　　　　　　) muchas cartas.
8) El camarero (partir-　　　　　　) la tarta.
9) ¿A qué hora (abrir-　　　　　　) los bancos?
10) Yo (cumplir-　　　　　　) veinte años el mes próximo.

[2] （　　）内に適切な所有形容詞（後置形）を入れなさい.

1) Un amigo (私の　　　　　　　) parte mañana para Sudamérica.
2) Allí vive una amiga (彼の　　　　　　).
3) ¿Es (あなたの　　　　　　) esta pluma?
   — No, no es (私の　　　　　　). Es (彼の　　　　　　).
4) ¿Es (君の　　　　　　) este paraguas?
   — Sí, es (私の　　　　　　).
5) Aquí hay una maleta, pero no es (私の　　　　　　).
   ¿Dónde está la (私の　　　　　　)?

[3] スペイン語で表現しなさい.

1) 君はそんなにタバコを吸って (fumar) はいけないよ.

2) アントニオはこの時間 (a esta hora) には家にいるはずです.

3) 私はこの件 (asunto) についてはぜんぜんわかりません (comprender).

4) 私はいつも朝8時のバスに乗ります.

5) この辞書はあなたのですか？ —ええ，私のです．あなたのは机の上にあります.

Lección 7 — Me gusta mucho la música.

(Antonio, Elena y Makoto ven la televisión en la sala.)

Makoto : Elena, ¿quién es ese cantante?

Elena : Es Alejandro Sanz. Es muy popular en España. **¿Qué te parece?**

Antonio : **A Elena le gusta mucho.** Casi siempre escucha sus discos. ¡Está loca por él!

Makoto : ¿A ti no te gusta, Antonio?

Antonio : A mí, la verdad, me gusta más la música clásica. Y a ti, **¿qué tipo de música te gusta?**

Makoto : Como a ti, me gusta escuchar música clásica, pero también **me encanta la música popular de México**.

Elena : ¡Como a nuestros padres! A ellos les gusta mucho la música de los mariachis y las rancheras mexicanas . Mi padre además las canta muy bien.

Makoto : ¿Ah sí? Pues Don José debe cantarme una.

EXPRESIONES

1. ¿Qué te parece (ese cantante)?　（〔その歌手を〕君はどう思う？）
2. A Elena le gusta mucho (la música).　（エレナは〔音楽が〕大好きです）
3. ¿Qué tipo de música te gusta?　（どんな〔ジャンルの〕音楽が好きなの？）
4. Me encanta la música popular de México*.　（私はメキシコのポピュラー音楽が大好きです）

　*Méjico ともつづる（→ p.4を参照）

Guía Práctica Gramatical 7

CD-38

1. 目的格人称代名詞

a) 間接目的格（与格）:「〜に」

1人称	me	私に	nos	私たちに
2人称	te	君に	os	君たちに
3人称	le (se)	彼に，彼女に あなたに	les (se)	彼らに，彼女らに あなたがたに

用法

活用した動詞の前に置く．

　　　La profesora Manuela nos enseña español.
　　　¿Me compras unas flores?
　　　Les escribo muchas cartas.
　　　¿Me dejas tu diccionario?
　　　— Claro, te dejo mi diccionario.

注 間接目的語と直接目的語は不定詞の語末にも置くことができる．
　　　Debo escribirles las cartas. (= Les debo escribir las cartas.)

b) 直接目的格（対格）:「〜を」

1人称	me	私を	nos	私たちを
2人称	te	君を	os	君たちを
3人称	lo	彼を，あなた（男）を それ（男性名詞）を	los	彼らを，あなたがたを それらを
	la	彼女を，あなた（女）を それ（女性名詞）を	las	彼女らを，あなたがたを それらを

用法

活用した動詞の前に置く．

　　　¿Me crees?　— Sí, te creo.
　　　Te espero en el bar de siempre.
　　　¿Buscas a María?　Yo también la busco.
　　　Debo escribir las cartas.　— Yo también debo escribirlas.
　　　　　　　　　　　　　　　(= Yo también las debo escribir.)

注 スペインでは lo を「それを（男性名詞）」に用いて，「あなたを（男性），彼を」には間接目的格の le を用いる傾向にある．

No comprendo a José. — Yo tampoco le [lo] comprendo.

¿Dónde esperas a Paco? — Le [Lo] espero en la plaza.

c) 間接目的格と直接目的格が同時に用いられる場合

1 間接＋直接（「〜に〜を」）の語順になる．

¿Me enseñas el libro? — Sí, te lo enseño.

2 どちらも3人称の場合は間接目的格の le (les) は se に変わる．

¿Le regalas la corbata? — Sí, se la regalo.

2. gustar 型動詞の用法

間接目的格 (me, te, le, nos, os, les) ＋ **gustar** ＋ 主語

(A mí) me gusta la música.

¿(A ti) te gusta bailar?

¿(A él / A José) le gustan los deportes?

(A nosotros) nos gusta el cine.

¿(A vosotros) os gustan las comidas españolas?

(A ellos / A los chicos) les gusta el fútbol.

¿Te interesa esta novela? — No, no me interesa nada (esta novela).　(← interesar)

¿Qué te parece esa película? — Me parece interesante.　(← parecer)

Me encanta el baile flamenco.　(← encantar)

¿Te duele la cabeza? — No, me duele el estómago.　(← doler)

★ **前置詞格の人称代名詞**：前置詞の後に置かれる人称代名詞

a, de
en, para ｝ **mí (ti, él, ella, usted, nosotros, ...)**
por, sin

con + mí → **conmigo**　　con + ti → **contigo**

Siempre hablamos de ti.

María está enfadada conmigo.

Este libro es demasiado difícil para mí.

Ejercicios 7

[1] [　　] に適切な目的格人称代名詞を, (　　) 内に動詞の活用形を入れなさい.

1) ¿Me escribes? — Sí, [　　　　] (　　　　　　　　　) pronto.

2) ¿Comprendes al profesor? — Sí, [　　　　] (　　　　　　　　) bien.

3) ¿Creéis a María? — No, no [　　　　] (　　　　　　　　).

4) ¿Me esperas un momento? — Sí, [　　　　] (　　　　　　　) aquí.

5) ¿Nos ayudas? — ¡Por supuesto! [　　　　] (　　　　　　　) con mucho gusto.

6) ¿Cuándo me llama usted? — [　　　　] (　　　　　　　　) esta noche.

7) ¿Me enseñas tus fotos? — Sí, [　　　　] [　　　　] (　　　　　　).

8) ¿Le compras unas flores? — Sí, [　　　　] [　　　　] (　　　　　　).

9) ¿Le prestas tu libro? — No, no [　　　　] [　　　　] (　　　　　　).

10) ¿Les dejas tu coche? — Sí, [　　　　] [　　　　] (　　　　　　).

[2] [　　] に適切な目的格人称代名詞を, (　　) 内に不定詞の活用形を入れなさい.

1) ¿Les (gustar-　　　　　　) la música folclórica?
— Sí, [　　　　] (　　　　　　　　) mucho.

2) ¿Os (gustar-　　　　　) los dulces? — No, no [　　　　] (　　　　　) los dulces.

3) A mí [　　　　] (encantar-　　　　　　　) bailar el tango argentino.

4) ¿[　　　　] (interesar-　　　　　　　) a usted las pinturas de Goya?
— Claro, a mí [　　　　] (　　　　　　) mucho.

5) ¿Qué te (parecer-　　　　　　) esta telenovela?
— Pues, [　　　　] (　　　　　　) aburrida.

[3] スペイン語で表現しなさい.

1) 君はマリアを待っているの？ —そうだよ, 彼女を待っているんだ.

2) 私に君のCD (disco compacto) を貸してくれない？
— いいよ, 君にそれを貸してあげるよ.

3) 君はカルロスにネクタイをプレゼントするの？
— そうだよ, 彼にそれをプレゼントしてあげるんだ.

4) 君たちは野菜 (verduras) が好きかい？ — うん, 大好きだよ.

5) あなたはこの映画をどう思いますか？ — とっても面白いと思いますよ.

Lección 8 — Quiero verte esta noche.

CD-40

(Makoto llama por teléfono a la Oficina de Turismo.)

Susana : ¿En qué puedo servirle?
Makoto : ¡Hola, Susana! Habla Makoto. ¿Está Laura?
Susana : ¡Hola, Makoto! **¡Cuánto tiempo sin vernos!** ¿Cómo estás?
         Lo siento, pero Laura no está en este momento. Está fuera de la oficina. Está en el banco o tal vez en Correos.
Makoto : **¡Qué lástima!** ¿A qué hora vuelve a la oficina?
Susana : No tarda. Vuelve pronto. ¡Un momento! Ya está aquí.
Laura : ¡Hola, Makoto! ¿Qué tal? **¿Qué hay?**
Makoto : ¿Estás libre mañana por la noche?
Laura : Sí, pero... ¿por qué?
Makoto : Es que mañana es el cumpleaños de Carmen. ¿No lo recuerdas?
Laura : ¡Ah, sí! ¡Claro!
Makoto : ¿Puedes venir a casa de Carmen con Susana?
Laura : **¡Vale!** Entonces, **nos vemos mañana**.

EXPRESIONES

1. **¡Cuánto tiempo sin vernos!** （久しぶりですね！）
2. **Lo siento, pero Laura no está.** （お気の毒ですが、ラウラはいません）
3. **¡Qué lástima!** （それは残念です！）
4. **¿Qué hay?** （どうしたの？）
5. **¡Vale!** （オーケー！）
6. **Nos vemos mañana.** （それではまた明日）

Guía Práctica Gramatical 8

CD-41

1. 語根母音変化動詞（直説法現在）

a) 語根母音 e → ie

pensar	querer	sentir
pienso	quiero	siento
piensas	quieres	sientes
piensa	quiere	siente
pensamos	queremos	sentimos
pensáis	queréis	sentís
piensan	quieren	sienten
⇓	⇓	⇓
cerrar	encender	mentir
comenzar	entender	preferir
empezar	perder	
recomendar		
sentar		

¿Cierro la ventana? — Sí, por favor. (← cerrar)

¿A qué hora comienzan las clases? (← comenzar)

¿Me entiendes? — No, no te entiendo. (← entender)

b) 語根母音 o → ue

contar	volver	dormir
cuento	vuelvo	duermo
cuentas	vuelves	duermes
cuenta	vuelve	duerme
contamos	volvemos	dormimos
contáis	volvéis	dormís
cuentan	vuelven	duermen
⇓	⇓	⇓
almorzar	devolver	morir
costar	mover	
encontrar	soler	
recordar	poder	

¿Me cuentas algo de tu país? (← contar)

¿Recuerdas su teléfono? — No, no lo recuerdo. (← recordar)

Los niños duermen mucho. (← dormir)

¿Dónde juegas al tenis?　(← jugar)
— Juego al tenis en la universidad.
Los chicos juegan al fútbol todos los días.

jugar → **jue**go, **jue**gas, **jue**ga, jugamos, jugáis, **jue**gan

c) 語根母音　e → i

pedir → pido, pides, pide, pedimos, pedís, piden
reír　repetir　servir　vestir
seguir → sigo, sigues, sigue, seguimos, seguís, siguen

¿Qué pides?　— Pido un café.　(← pedir)
¿Me repites tu número de teléfono?　(← repetir)
— ¡Sí, cómo no!　Te lo repito.
Este ordenador (Esta computadora) no sirve para nada.　(← servir)

CD-42

2. querer と poder の用法

1 **querer**

（願望）　¿Qué quieres?　— Quiero una cerveza bien fría.
　　　　　Elena quiere mucho a Javier.
　　　　　Queremos viajar por Andalucía.
（依頼）　¿Quiere usted cerrar la puerta?

2 **poder**

（能力）　El hombre puede vivir sin beber unos días.
（可能性）A esta hora puede estar en casa.
（許可）　¿Puedo salir esta noche?
　　　　　¿Dónde podemos aparcar el coche?
（依頼）　¿Puede usted abrir la ventana?

32

Ejercicios 8

[1] （　　）内の不定詞を活用させ，文を完成させなさい.

1) ¿Qué (querer-　　　　　　　) (tú)? — (　　　　　　　) una cerveza bien fría.

2) ¿Por qué (reír-　　　　　　) (vosotras) tanto?

3) Los niños (dormir-　　　　　) mucho.

4) ¿Cuánto (costar-　　　　　) estos zapatos?

5) ¿Dónde (jugar-　　　　　) (ustedes) al tenis?

6) ¿Qué (pedir-　　　　　) (usted)? — (　　　　　) un café con leche.

7) ¿(Poder-　　　　　) (tú) cerrar la ventana? — Sí, cómo no.

8) ¿A qué hora (empezar-　　　　　　) la clase de español?

9) Yo (querer-　　　　　) viajar por México.

10) Hoy por la tarde (pensar-　　　　　　) (yo) hacer los deberes.

[2] （　　）内の不定詞を活用させ，［　　］には適切な人称代名詞を入れなさい.

1) ¿(Recordar-　　　　　　) (tú) el teléfono de Juan?
— No, no [　　　　] (　　　　　　).

2) ¿Me (entender-　　　　　　) (tú) ?
— Sí, [　　　　] (　　　　　) muy bien.

3) ¿[　　　　] (servir-　　　　　　) (yo) otro té ? — Sí, por favor.

4) Busco las llaves por toda la casa, pero no [　　　　] (encontrar-　　　　　　) por ninguna parte.

5) María, ¿me (querer-　　　　　　) (tú)?
— Sí, [　　　　] (　　　　　) con todo mi corazón.

[3] スペイン語で表現しなさい.

1) ピアノのリサイタル (el recital de piano) は夜の8時に始まります.

2) 君の奥さん (esposa) は今日，何時に家に帰ってくるの？

3) ぺぺさんは毎日，昼寝をします (dormir la siesta).

4) 人は数日間，飲まず食わずでも生きられる.

5) スペインの子供たちはよく公園でサッカーをします (soler jugar).

Lección 9 — ¿Cuántos años tienes?

(La habitación de Carlitos está al fondo del pasillo. Makoto toca la puerta y entra.)

Makoto : Hola, Carlitos, **¿qué te pasa?** ¿Aún estás mal?

Carlitos : No, **no es nada grave**. Hoy estoy mejor, aunque todavía **tengo un poco de dolor de cabeza**.

Makoto : A ver... Tienes mucha fiebre, ¿eh? Tienes sed, ¿no?

Carlitos : **Tienes razón,** tengo mucha sed.

Makoto : ¿Y no tienes hambre?

Carlitos : No... no tengo apetito.

Makoto : Pues, estás muy enfermo. **Tienes que estar en cama unos días más.**

Carlitos : ¿Eres médico, Makoto?

Makoto : Sí, señor, soy muy buen doctor.

Carlitos : ¿Desde cuándo?

Makoto : Desde hoy, señor.

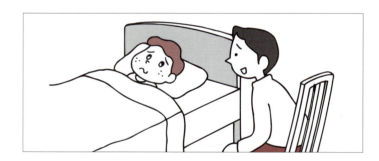

EXPRESIONES

1. **¿Qué te pasa?** (=¿Qué tienes?)　（どうしたの？）
2. **No es nada grave.**　（たいしたことはないよ）
3. **Tengo un poco de dolor de cabeza.**　（少し頭が痛いです）
4. **Tienes razón.**　（君のいうとおりだ）
5. **Tienes que estar en cama unos días más.**　（あと二三日は寝ていないといけないよ）

Guía Práctica Gramatical 9

1. 1人称単数形が不規則な動詞（直説法現在）
活用

> dar → **doy**, das, da, damos, dais, dan
> ver → **veo**, ves, ve, vemos, veis, ven
> saber → **sé**, sabes, sabe, sabemos, sabéis, saben
> conocer → **conozco**, conoces, conoce, conocemos, conocéis, conocen
> hacer → **hago**, haces, hace, hacemos, hacéis, hacen
> poner → **pongo**, pones, pone, ponemos, ponéis, ponen
> caer → **caigo**, caes, cae, caemos, caéis, caen
> traer → **traigo**, traes, trae, traemos, traéis, traen
> salir → **salgo**, sales, sale, salimos, salís, salen
> caber → **quepo**, cabes, cabe, cabemos, cabéis, caben

¿Me das un cigarrillo?
¿Cuándo ves a Enrique? — Le [Lo] veo mañana.
¿Sabes su teléfono? — No, no lo sé.
¿Sabes nadar?
¿Conoces a Laura? — Sí, la conozco bien.
¿Qué haces esta noche? — Pues no hago nada de particular.
¿Dónde pongo estos libros?
Salgo de casa a las siete y media de la mañana.
Como hay mucha gente en el ascensor, yo no quepo.

2. hace の用法（← hacer）

① 天候表現

Hace frío [calor, fresco, buen tiempo, mal tiempo].
¿Qué tiempo hace hoy? — Hace buen tiempo.
Hoy hace sol pero hace mucho viento.

その他の天候表現（**llover, nevar** など）

En Japón llueve mucho en junio y julio.
Casi nunca nieva en la costa del Mediterráneo.
Hoy está nublado y hace mal tiempo.

② 時の経過を表す

Hace dos años que estudio español. (= Estudio español desde hace dos años.)
¿Cuánto tiempo hace que vivís aquí?

CD-46

3. その他の不規則動詞（直説法現在）

tener	
tengo	tenemos
tienes	tenéis
tiene	**tienen**

venir	
vengo	venimos
vienes	venís
viene	**vienen**

decir	
digo	decimos
dices	decís
dice	**dicen**

oír	
oigo	oímos
oyes	oís
oye	**oyen**

ir	
voy	**vamos**
vas	**vais**
va	**van**

¿Cuántos años tienes? — Tengo veinte años.

Tengo calor [frío, hambre, sed, sueño, prisa, dolor de cabeza].

¿Tienes tiempo esta noche? — Lo siento, pero estoy ocupado.

No tengo apetito. No tengo ganas de comer.

Mañana tengo que ir al hospital.

> **tener que ＋ 不定詞：** 〜しなければならない

No tenéis que venir tan temprano pasado mañana.

¿De dónde vienen ustedes? — Venimos de Perú.

¿En qué vienes? — Vengo en coche.

¿Le dices la verdad? — Sí, se la digo.

Ahora oigo música pop en FM (Frecuencia Modulada).

¿A dónde vas? — Voy al banco.

> **ir a ＋ 場所**

¿Qué vas a hacer mañana?

— Voy a hacer unas compras.

Creo que va a llover esta tarde.

> **ir a ＋ 不定詞**

Vamos a bailar.

Vamos a jugar al tenis.

> **vamos a ＋ 不定詞**

Ejercicios 9

[1] （　　）内の不定詞を活用させ，文を完成させなさい．

1) (Ir-　　　　　　　) (nosotros) a aprender español.

2) ¿Qué edad (tener-　　　　　　) tu padre? — (　　　　　　　) sesenta años de edad.

3) ¿De dónde (venir-　　　　　　) (ustedes)? — (　　　　　　　) de Argentina.

4) Yo te (decir-　　　　　) la verdad pero tú solo me (decir-　　　　　　) mentiras.

5) Este verano (hacer-　　　　　　) un calor tremendo en Japón.

6) ¿No (tener-　　　　　) (tú) hambre? — Sí, sí. (　　　　　) mucha hambre.

7) Todos los días (hacer-　　　　　　) (yo) ejercicios para mi salud.

8) Este fin de semana (ver-　　　　　　) (yo) una película con mi novia.

9) ¿Dónde (poner-　　　　　) (yo) esta maleta?

10) Yo siempre (salir-　　　　　　) de casa a las seis y media de la mañana.

[2] （　　）内の不定詞を活用させ，[　　]には適切な人称代名詞を入れなさい．

1) ¿Cuándo (ver-　　　　　) (tú) a Enrique? — [　　　　] (　　　　　) pasado mañana.

2) ¿Me (dar-　　　　　) tu dirección ? — Sí, ahora [　　　　] [　　　　] (　　　　　).

3) ¿(Conocer-　　　　　) (tú) a esa chica? — No, no [　　　] (　　　). ¿Quién es?

4) ¿Me lo (decir-　　　　　) (tú) en serio?

　　 — No... [　　　] [　　　] (　　　　　) en broma.

5) ¿Cuánto tiempo (hacer-　　　　　) que tocas el violín?

　　 — [　　　] (tocar-　　　　　) desde muy pequeña.

[3] スペイン語で表現しなさい．

1) 僕は喉が渇いたな．ジュース (un refresco) でも飲もう．(ir を使って)

2) ねぇ，聞いてる？ — もちろん (claro)，聞いてるさ．(oír を使って)

3) スペインの北部 (norte) では冬 (invierno) に雪がたくさん降って，とても寒い．

4) フアンのメール (correo electrónico)，知ってるかい？ (saber を使って)

5) 私は車の運転 (conducir) ができません．

Lección 10 — Me levanto muy temprano.

Doña María : ¡Buenos días Makoto! **¡Qué madrugador!**

Makoto : ¡Buenos días!

Don José : ¿Siempre te levantas tan temprano en Japón?

Makoto : Allí me levanto mucho más temprano. Suelo levantarme a las 6, luego me lavo, me visto, desayuno y me voy a clase. **Se tarda casi dos horas** desde mi casa hasta la universidad.

Don José : Pero te acuestas pronto, ¿no?

Makoto : Sí, me acuesto más pronto que aquí. A las once normalmente estoy ya en la cama.

Doña María : Bueno, **¿nos sentamos ya a desayunar?** El café se va a enfriar.

Don José : Makoto, **siéntate aquí**.

Doña María : Makoto, nosotros tomamos café pero si prefieres, puedo servirte un té.

Makoto : **No se moleste.** Por las mañanas yo prefiero tomar café.

Doña María : José, después de desayunar, ¿puedes acompañarme al mercado? Tengo que hacer mucha compra y necesito ayuda.

Makoto : ¿Puedo acompañarles yo también?

Don José : **Por supuesto**, Makoto. Y así nos ayudas tú también.

EXPRESIONES

1. **¡Qué madrugador!**　（早起きですね！）
2. **Se tarda casi dos horas.**　（２時間ほどかかります）
3. **¿Nos sentamos ya a desayunar?**　（それじゃ席について朝食をいただきましょうか？）
4. **Siéntate aquí.**　（ここにお座りなさい）
5. **No se moleste.**　（どうぞお構いなく）
6. **Por supuesto.**　（もちろん）

Guía Práctica Gramatical 10

CD-48

1. 再帰動詞

A) 活用：「自分自身を」とか「自分自身に」を意味する再帰代名詞 (me, te, se, nos, os, se) をともなって活用する.

levantarse						
yo	**me**	levanto	nosotros (-tras)	**nos**	levantamos
tú	**te**	levantas	vosotros (-tras)	**os**	levantáis
él, ella usted	**se**	levanta	ellos, ellas ustedes	**se**	levantan

B) 用法

1 他動詞の自動詞化

¿A qué hora te levantas? — Me levanto temprano.

Don José se acuesta muy temprano.

¿Cómo te llamas? — Me llamo Ramón.

2 直接再帰：「自分自身を~する」

Me miro en el espejo.

3 間接再帰：「自分自身に~する」(自分の体に行為が及ぶ場合)

Me lavo la cara y me limpio los dientes.

¿Por qué no te pones el abrigo?

Me quito la chaqueta porque tengo calor.

4 相互再帰：「互いに~し合う」の意味を表す.

Ella y yo nos escribimos.

Rosa y Alfonso se quieren mucho.

Los vecinos se ayudan.

5 転意・強意：動詞本来の意味を変えたり, 強調したりする.

¿Ya te vas? — Sí, ya me voy.

Tengo mucha sed y me muero de hambre.

6 本来的再帰：再帰動詞のみで用いられる.

Me atrevo a decírselo.　(← atreverse a ＋ 不定詞)

Te quejas de todo.　(← quejarse de...)

7 再帰受身：se ＋ 他動詞の3人称 (主語は原則として事物)

Se publica pronto una enciclopedia. (→ Se va a publicar pronto una enciclopedia.)

En Brasil se habla portugués.

¿Dónde se venden sellos? — Se venden en el quiosco.

2. 無人称文

特定の主語（行為者）が文面に出ない．「人は〜する」の意味を表す．

1) se ＋ 動詞の 3 人称単数形

Se dice que Don Pepe es millonario.
¿Por dónde se va a la oficina de correos?
— Se va todo recto por esta calle.
Se vive mejor en el campo.
¿Cuánto tiempo se tarda de aquí al aeropuerto en taxi?
— Se tarda como media hora.
¿Se puede (entrar)?　— ¡Adelante!

2) 動詞の 3 人称複数形：他動詞は「受身」に訳すことが多い．

Dicen que hoy no hay partido de fútbol.
Llaman a la puerta. ¿Quién es?
Te llaman por teléfono.
Somos gemelos y muchas veces me toman por mi hermano.
En el pueblo lo llaman la enciclopedia viviente.

　注　主語が人間の場合：人を 3 人称複数動詞の目的語にして受け身の感じを表す．

3. 感嘆文（疑問詞を用いる）

¡Qué guapa!　　（qué ＋ 形容詞）
¡Qué ciudad tan (más) hermosa!　　（qué ＋ 名詞）
¡Qué bien bailas el tango!　　（qué ＋ 副詞）
¡Cómo llueve!
¡Cuánta gente!
¡Cuántos libros!

基数 (Los números cardinales) (2)

101	ciento uno	200	doscientos	300	trescientos
400	cuatrocientos	500	quinientos	600	seiscientos
700	setecientos	800	ochocientos	900	novecientos
1.000	mil	2.000	dos mil	3.000	tres mil
10.000	diez mil	100.000	cien mil	1.000.000	un millón

Ejercicios 10

[1] (　　) 内の不定詞を活用させ，文を完成させなさい.

1) ¡Hola! ¿Qué tal? ¿Cómo (llamarse-　　　　　　　　　) (tú)?

— (　　　　　　　　　) Juana. Mucho gusto.

2) Él nunca (lavarse-　　　　　　) la cara ni (limpiarse-　　　　　　) los dientes.

3) María (mirarse-　　　　　　　) en el espejo.

4) Don José (acostarse-　　　　　　　) y (levantarse　　　　　　　) muy pronto.

5) ¿Por qué no (ponerse-　　　　　　　) (tú) el abrigo?

6) Rosa y Alfonso (quererse-　　　　　　　) mucho.

7) ¿Ya (irse-　　　　　　) (tú)? — Sí, ya (　　　　　　　) porque me espera mi novia.

8) Tenemos mucha hambre y (morirse-　　　　　　　) de sed.

9) Yo (atreverse-　　　　　　　) a decírtelo.

10) ¿Dónde (venderse-　　　　　　　) tarjetas postales?

[2] (　　) 内の不定詞を活用させ，文を完成させなさい.

1) (Decirse-　　　　　　　) que van a subir los impuestos.

2) En aquel bar (comerse-　　　　　　　) muy bien. En particular, la tortilla de patatas.

3) ¿(Poderse-　　　　　　　) sacar fotos en este museo? — Sí, pero sin flash.

4) Los Juegos Olímpicos y la Copa mundial de Fútobol (celebrarse-　　　　　　　) cada cuatro años.

5) ¿Cómo (irse-　　　　　　　) a la Plaza Mayor? — (Irse-　　　　　　　) todo recto.

[3] スペイン語で表現しなさい.

1) フアナと私は毎日，メールのやり取りをしています (escribirse por correo electrónico).

2) 彼は寒いので，セーター (jersey) を着ます (ponerse).

3) スペインではたくさんのオリーブオイル (el aceite de oliva) が造られています (producirse).

4) 私はもうすぐ (dentro de poco) 君に会えるのでとてもうれしい (alegrarse de).

5) 休み (las vacaciones) 中，彼はインターネットをして (navegar por Internet)，とても遅くに (tarde) 寝ます.

Lección 11   ¿Has comido ya?

(Doña María y Makoto acaban de llegar a casa.)

Doña María : ¿Ya has llegado, Carmen? ¿Qué estás haciendo?
Carmen : ¡Hola! **Estoy leyendo unas cartas.** Vosotros, ¿dónde habéis estado?
Doña María : Hemos ido al mercado. Me ha acompañado Makoto.
Carmen : **¿Qué te ha parecido el mercado, Makoto?**
Makoto : Ha sido muy interesante. Tu madre me ha enseñado muchas cosas nuevas. **Lo he pasado muy bien.**
Carmen : **¡Qué bien!** ¿Qué habéis comprado?
Doña María : Primero, hemos ido a la carnicería y hemos comprado unos filetes y luego en la charcutería, hemos comprado dos kilos de chorizo.
Carmen : ¡Ah, Makoto! Hay una carta para ti. Creo que te ha escrito tu familia o ¿quizás tu novia?
Makoto : Humm, dice que mis padres y hermana van a venir a Salamanca dentro de dos semanas.
Doña María : **¡Qué buena noticia!**

EXPRESIONES

1. Estoy leyendo unas cartas.　（今，手紙を読んでいるところなの）
2. ¿Qué te ha parecido el mercado, Makoto?　（マコト，市場はどうだった？）
3. Lo he pasado muy bien.　（とっても楽しかった）
4. ¡Qué bien!　（それはよかったわ！）
5. ¡Qué buena noticia!　（いい知らせだわ！）

Guía Práctica Gramatical 11

1. 過去分詞：語尾 **-ar** は **-ado**, **-er** と **-ir** は **-ido** にする.

hablar →	comer →	vivir →
hablado	**comido**	**vivido**

注1　leer → **leído**　　caer → **caído**
注2　不規則な過去分詞もある.

abrir → **abierto**　　　cubrir → **cubierto**　　　decir → **dicho**
escribir → **escrito**　　hacer → **hecho**　　　　morir → **muerto**
poner → **puesto**　　　romper → **roto**　　　　ver → **visto**
volver → **vuelto**

用法

1 形容詞として：名詞の性・数に一致する.

el año pasado　　　　la semana pasada　　　（← pasar）
la puerta abierta　　　las ventanas abiertas　　（← abrir）

2 副詞的に働き主語の様態などを表す：主語の性・数に一致する.

Mi hermana siempre vuelve a casa muy cansada.　（← cansar）
Los dos charlan sentados en el banco.　　　　　（← sentar）

2. 直説法現在完了

haber の直説法現在＋過去分詞			
he	hablado	hemos	hablado
has	comido	habéis	comido
ha	vivido	han	vivido

注　完了時制の過去分詞は性・数の変化をしない.

用法：現在と時間的または心理的に関わりをもつ過去の事柄を表す.

1 現在までに完了した事柄・行為.

¿Has comido ya? — Sí, ya he comido.
Ya he escrito las tarjetas de Navidad.
¿Ya has leído la novela?

43

2 まだ終了していない期間内（今日，今月，今年など）に起きた事柄.

Esta mañana he llegado tarde.

Este año ha llovido poco.

3 現在までの経験や継続的行為.

¿Has estado alguna vez en España?

Hemos comido paella algunas veces.

He tenido mucha suerte.

4 再帰動詞の現在完了.

Me he levantado tarde esta mañana.　(← levantarme)

¿Ya te has lavado las manos?　(← lavarte)

— No, no me las he lavado todavía.　(← lavarme)

3. 現在分詞： 語尾 **-ar** を **-ando, -er, -ir** を **-iendo** にする.

hablar → **hablando**	comer → **comiendo**	vivir → **viviendo**

注1　＜母音＋**-er, -ir**＞の動詞は **-yendo** になる.

leer → **leyendo**　　　oír → **oyendo**　　　ir → **yendo**

注2　不規則な現在分詞もある.

dormir → **durmiendo**　　　morir → **muriendo**　　　vestir → **vistiendo**

用法

1 進行形：**estar**（**seguir, ir, venir** など）+ 現在分詞

Estoy escuchando música clásica.

¿Qué estás haciendo?　— Estoy leyendo el periódico.

Todavía sigue lloviendo.

2 副詞的に働き，「〜しながら」・条件・時・原因・譲歩などを表す.

Los niños comen viendo la televisión.

Cantando, vas a alegrarte.

Yendo al centro, me he encontrado con Juan.

Siendo sábado mañana, no tenemos que trabajar.

〜〜〜〜〜〜〜〜〜〜〜　序数 **(Los números ordinales)** 〜〜〜〜〜

1 primero	2 segundo	3 tercero	4 cuarto	5 quinto
6 sexto	7 séptimo	8 octavo	9 noveno	10 décimo

Ejercicios 11

[1] （　　）内の不定詞を現在完了に変え，[　　]には適切な人称代名詞（または再帰代名詞）を入れなさい．

1) ¿(Leer-　　　　　　　　) (tú) el primer capítulo de la novela?
   — Sí, ya [　　　　] (　　　　　　).

2) ¿Ya (hacer-　　　　　　　　) (tú) los deberes?
   — Todavía no [　　　] (　　　　　　).

3) ¿Qué te (decir-　　　　　　　) el profesor?
   — No [　　　　] (　　　　　　) nada.

4) ¿(Ver-　　　　　　　) (tú) alguna película española?

5) ¿Dónde (poner-　　　　　　　) (tú) el carné de conducir?
   — [　　　　] (　　　　　　) sobre la mesa.

6) ¿Ya (volver-　　　　　　　) de Estados Unidos tus padres?

7) ¿A quién (escribir-　　　　　　　) (tú) las postales?

8) ¿Por qué (cortarse-　　　　　　　) (tú) el pelo?

9) ¿A qué hora (levantarse-　　　　　　　) usted esta mañana?
   — (　　　　　　　) muy temprano esta mañana.

10) ¿(Lavarse-　　　　　　) (tú) ya la cara?
    — No, no [　　　] [　　　] (　　　　　　　) todavía.

[2] （　　）内の不定詞を過去分詞もしくは現在分詞に変えなさい．

1) ¿Por qué dejas (abrir-　　　　　　　) la ventana?

2) Esta mañana (pasear-　　　　　　) por la playa, he conocido a una chica extranjera.

3) Siempre desayuno (leer-　　　　　　) el periódico.

4) Mi hermana siempre llega muy (cansar-　　　　　　　).

5) ¿Qué están (hacer-　　　　) los niños? — Están (dormir-　　　　) la siesta.

[3] スペイン語で表現しなさい．

1) フアナ，どうしたの (pasar)？　— 気分が悪いのよ (sentirse mareado).

2) 今朝，私は朝寝坊して (levantarse tarde) 電車に乗り遅れました (perder el tren).

3) 君たちは闘牛 (corrida de toros) を見たことがあるかい？　— うん，何回かあるよ.

4) 君はメキシコに行ったことがあるかい？　— いや，一度もないな.

5) 君は今何をしているんだい？　— クラシック音楽を聞いているんだ.

45

Lección 12 Ayer estudié mucho.

(Antonio está de exámenes.)

Makoto : ¿Ya terminaste los exámenes, Antonio?
Antonio : No, **todavía me quedan dos**. Ayer me examiné de economía.
Makoto : ¿Y **qué tal te salió**?
Antonio : No sé, fue un poco difícil. Y tú, ¿qué tal?
Makoto : Yo también tengo un examen de gramática mañana.
Antonio : ¿Has estudiado mucho?
Makoto : Ayer estudié tres horas, pero esta tarde tengo que estudiar más.

*   *   *

Carlos : ¡Hola! ¿Qué hacéis?
Makoto : **Nada de particular. ¿De dónde vienes?**
Carlos : De un entrenamiento de fútbol. Ayer perdimos un partido; **la verdad es que** jugamos muy mal, el equipo contrario nos marcó tres goles y hoy el entrenador ha sido muy duro. **¡Estoy muerto!**
Makoto : ¡Pobre Carlitos!

EXPRESIONES

1. **Todavía me quedan dos.**　（〔試験は〕あと２つあるんだ）
2. **¿Qué tal te salió?**　（〔試験のできは〕どうだった？）
3. **Nada de particular.**　（別に変わったことはありません）
4. **¿De dónde vienes?**　（どこの帰りなの？）
5. **La verdad es que...**　（じつは〜です）
6. **¡Estoy muerto!**　（死にそうだよ！）

Guía Práctica Gramatical 12

1. 直説法点過去 (規則動詞)

   A) 活用 （語尾 -ar → **-é, -aste, -ó, -amos, -asteis, -aron**）

            （語尾 -er / -ir → **-í, -iste, -ió, -imos, -isteis, -ieron**）

hablar	
hablé	hablamos
hablaste	hablasteis
habló	hablaron

comer	
comí	comimos
comiste	comisteis
comió	comieron

vivir	
viví	vivimos
viviste	vivisteis
vivió	vivieron

   注1 1人称単数形の書き方が変わる動詞

        buscar → **busqué**   pagar → **pagué**   llegar → **llegué**

        comenzar → **comencé**   averiguar → **averigüé**

   注2 ＜母音＋ **-er, -ir**＞の動詞は3人称で **i** が **y** になる．

        leer → leí, leíste, **leyó**, leímos, leísteis, **leyeron**

        oír → oí, oíste, **oyó**, oímos, oísteis, **oyeron**

   B) 用法：過去の出来事や事柄を終了したものとして表す．

        Ayer visité a mi tío. (← visitar)

        Anoche estudié desde las ocho hasta las doce. (← estudiar)

        Mis padres vivieron cinco años en México. (← vivir)

        En la fiesta comí y bebí mucho. (← comer, beber)

        Busqué las gafas por toda la casa, pero no las encontré. (← buscar, encontrar)

        ¿Quién pagó los cafés? — Los pagué yo. (← pagar)

2. 不定語と否定語のまとめ

否定語が動詞の前に置かれる場合は **no** は不要．

  1) **algo / nada**

      ¿No oíste algo? — No, no oí nada. (= No, nada oí.)

  2) **alguien / nadie**

      ¿Me llamó alguien? — No, no te llamó nadie. (= No, nadie te llamó.)

  3) **alguno (-na) / ninguno (-na)**

      単数名詞 (男性形) の前では **algún / ningún** となる．

      ¿Hay algún problema? — No, no hay ningún problema.

      ¿Hay alguna pregunta? — No, no hay ninguna.

  4) **tampoco / ni**

      Juan no entendió nada y yo tampoco.

      No comí (ni) carne ni pescado.

3. 比較表現

1）比較級

優等比較	**más** + 形容詞・副詞 + **que** ...
劣等比較	**menos** + 形容詞・副詞 + **que** ...
同等比較	**tan** + 形容詞・副詞 + **como** ...

Elena es más alta que Carlos.
Carlos es menos alto que Elena.
Elena es tan alta como Antonio.

2）最上級

定冠詞（+名詞）+ **más** + 形容詞 + **de** ...

Elena es la (chica) más alta del colegio.
Salamanca es la ciudad más hermosa de España.

3）不規則な比較級

形容詞	副詞		比較級
bueno	bien	→	**mejor**
malo	mal	→	**peor**
mucho	mucho	→	**más**
poco	poco	→	**menos**
grande	——	→	**mayor**
pequeño	——	→	**menor**

Mi videocámara es mejor que la tuya.
Carmen es cinco años mayor que Elena.
Carlitos es el menor de los hermanos.

風車（Molino de viento）

Ejercicios 12

[1] （　　　）内の不定詞を点過去形に活用させ，[　　　]に適切な人称代名詞を入れなさい.

1) Yo (trabajar-　　　　　　　) dos años en una agencia de viajes.

2) ¿Qué (tomar-　　　　　　　) vosotros en la fiesta de cumpleaños?
    — Yo (　　　　　　　) cerveza. Ella (　　　　　　　) sangría pero su novio no
    (　　　　　　　) nada.

3) ¿A quién (dejar-　　　　　　) tu cámara?
    — [　　　　] [　　　　] (　　　　　　　) a un amigo mío.

4) ¿Cuándo me (llamar-　　　　　　) usted? — [　　　　] (　　　　　　　) ayer
    por la tarde pero nadie (contestar-　　　　　　　).

5) Hace dos semanas nosotros (visitar -　　　　　　) a nuestro tío.

6) ¿Por qué (perder-　　　　　　) (tú) el tren?
    — Porque (llegar-　　　　　　) tarde a la estación.

7) ¿Cuándo (leer-　　　　　　) usted esa novela de Mario Vargas Llosa?

8) Ayer yo (cumplir-　　　　　　) veintiún años.

9) ¿A quiénes (escribir-　　　　　　) (tú) las tarjetas?

10) ¿Con quién (salir-　　　　　　) (tú) anoche?
    — (　　　　　　　) con los compañeros del colegio.

[2] （　　　）内に適切なスペイン語を入れて比較文にしなさい.

1) María es un poco (　　　　　　　) alta que yo.

2) Nuestra casa es (　　　　　　　) moderna como la vuestra.

3) Elena es la que corre (　　　　　　　) rápido del colegio.

4) Mi reloj es (　　　　　　) que el tuyo.

5) Soy un año (　　　　　　) que mi hermano menor.

[3] スペイン語で表現しなさい.

1) 先週の日曜日に私は友人と一緒にテニスをしました.

2) 3日前，父は私の誕生日にブラウス (blusa) を買ってくれました.

3) 昨夜，私は父より早く家に帰りました.

4) テイデ山 (El Teide) はスペインで最も高い山です.

5) ぼくのパソコンは君のより性能がいい.

Lección 13   Ayer fui al cine con mis amigos.

Makoto : ¡Buenos días, Carmen! **¿Qué tal lo pasaste anoche?**

Carmen : Muy bien, estuvimos en una discoteca hasta muy tarde. Y tú, ¿qué tal?

Makoto : Yo salí con unos amigos de la clase. Cenamos en un restaurante chino y luego fuimos al cine.

Carmen : ¿Y qué película visteis?

Makoto : Fuimos a ver una película de Pedro Almodóvar: "Todo sobre mi madre". ¿La has visto?

Carmen : No. Quiero ir a verla. **¿A ti te gustó?**

Makoto : Sí, aunque no pude entender todo.

Carmen : Bueno, **te dejo porque tengo que corregir exámenes**.

Makoto : ¡Qué trabajadora! ¡Ah, Carmen!, ¿hiciste lo que te pedí?

Carmen : ¡Ah, sí! Hablé con mi tío Alfonso y me dijo que el lunes a las 6 de la tarde podías ir a su consulta. Es un buen dentista, **así que no tengas miedo**, ¿eh?

EXPRESIONES

1. ¿Qué tal lo pasaste anoche?　（昨夜は楽しかった？）
2. ¿A ti te gustó?　（〔その映画は〕よかった？）
3. Te dejo porque tengo que corregir exámenes.
　　　　　　　　　　（テストの採点をしなければならないので失礼するわ）
4. Así que no tengas miedo.　（だから心配しないで）

Guía Práctica Gramatical 13

CD-60

1. **直説法点過去**（不規則動詞）
   活用
   1 語尾（-e, -iste, -o, -imos, -isteis, -ieron が共通する）

estar	tener	venir
estuve	tuve	vine
estuviste	tuviste	viniste
estuvo	tuvo	vino
estuvimos	tuvimos	vinimos
estuvisteis	tuvisteis	vinisteis
estuvieron	tuvieron	vinieron

   andar → anduve, anduviste, anduvo, anduvimos, anduvisteis, anduvieron
   hacer → hice, hiciste, hizo, hicimos, hicisteis, hicieron
   poder → pude, pudiste, pudo, pudimos, pudisteis, pudieron
   poner → puse, pusiste, puso, pusimos, pusisteis, pusieron
   querer → quise, quisiste, quiso, quisimos, quisisteis, quisieron
   saber → supe, supiste, supo, supimos, supisteis, supieron

   ¿Dónde estuviste anoche? — Estuve en casa.
   Anteayer tuve que ir al Ayuntamiento para pedir un documento.
   Ayer por la tarde vino un amigo mío a verme.
   Hoy hace mal tiempo, pero ayer hizo muy buen tiempo.

   2 語尾（-e, -iste, -o, -imos, -isteis, -eron が共通する）

decir	traer	conducir
dije	traje	conduje
dijiste	trajiste	condujiste
dijo	trajo	condujo
dijimos	trajimos	condujimos
dijisteis	trajisteis	condujisteis
dijeron	trajeron	condujeron

   ¿Te dijo algo el profesor? — No, no me dijo nada.
   Mis amigos me trajeron unos regalos estupendos.
   ¿Quién condujo el coche hasta allí?

51

3 特殊な活用動詞

dar	→	di, diste, dio, dimos, disteis, dieron
ser	↘	
ir	↗	fui, fuiste, fue, fuimos, fuisteis, fueron

¿Quién te dio este regalo? — Me lo dio mi tío.
El sábado pasado dimos una fiesta en casa.
¿A dónde fuiste anoche? — Fui al cine con Carmen.
¿Qué tal fue la película? — ¡Fue muy buena! Me gustó mucho.
Ayer hubo un terremoto a medianoche.

haber — **hubo**

4 語根母音変化動詞

-ir 動詞のみ3人称の単数と複数で語根母音が **e** から **i, o** から **u** に変化する．

sentir	pedir	dormir
sentí	pedí	dormí
sentiste	pediste	dormiste
sintió	**pidió**	**durmió**
sentimos	pedimos	dormimos
sentisteis	pedisteis	dormisteis
sintieron	**pidieron**	**durmieron**

Mis hermanas sintieron miedo cuando hubo relámpagos.

¿Qué pidió usted?
— Pedí una cerveza.

¿Durmió usted bien en el avión?
— Sí, dormí como un tronco.

La abuela prefirió quedarse en casa. (← preferir)

トルティーリャとパエリャ （Tortilla y paella)

Ejercicios 13

[1] （　　）内の不定詞を点過去に活用させ，文を完成させなさい.

1) Yo (estar-　　　　　　　　) en el Mediterráneo el verano pasado.

2) ¿Por qué no (venir-　　　　　　　) (tú) a la reunión?
   — Es que no (tener-　　　　　　　) tiempo.

3) ¿Qué (hacer-　　　　　　) usted anteayer?
   — Pues, (　　　　　　　　) compras en el centro comercial.

4) ¿A dónde (ir-　　　　　　　) (vosotros) anoche?

5) Yo (querer-　　　　　　) ver esa película, pero no (poder-　　　　　　　) verla.

6) ¿Qué día (ser-　　　　　　) ayer?　— Ayer (　　　　　　　) martes.

7) Mis padres no me (dar-　　　　　　　) dinero.

8) Carmen me (servir-　　　　　　　) un zumo de naranja.

9) ¿Cuántas horas (dormir-　　　　　　　) ustedes anoche?

10) Anoche (haber-　　　　　　) un incendio y (morir-　　　　　　　) dos personas.

[2] （　　）内の不定詞を点過去に活用させ，［　　］に人称代名詞を入れなさい.

1) ¿Cuándo (saber-　　　　　) (tú) la noticia?
   — [　　　　] (　　　　　　　) anoche por la radio.

2) ¿Te (decir-　　　　　) algo la profesora?　— No, no [　　　] (　　　　　) nada.

3) ¿Dónde (poner-　　　　) (tú) los libros de texto?
   — [　　　] (　　　　　　　) sobre el escritorio.

4) ¿Cuándo (hacer-　　　　　) (tú) los deberes?　— [　　　　] (　　　　　) anoche.

5) ¿Quién te (traer-　　　　　) este ramo de flores?
   — [　　　] [　　　　] (　　　　　　) mi novio.

[3] スペイン語で表現しなさい.

1) 去年の夏，私たちはヨーロッパを旅行しました.

2) 先週の日曜日，君たちはコンサートに行ったのですか?

3) 彼はあなた方に何と言いましたか? — 特に何も言いませんでした.

4) 君たちは何で来たの? — 私たちは車で来たんだ.

5) あなたは昨夜よく眠れましたか? — はい，ぐっすり眠れました.

53

Lección 14 — De niño yo vivía en el campo.

Alfonso : ¡Hola! Tú eres Makoto, ¿verdad?

Makoto : Sí, señor. Mucho gusto.

Alfonso : **Me alegro de conocerte** personalmente. María y Carmen me han hablado de ti. **Siéntate, vamos a ver qué te pasa.**

Makoto : El sábado pasado me dolía mucho una muela.

Alfonso : Sí, ya veo, la tienes un poco picada. Pero **no te preocupes**, esto lo solucionamos enseguida. **A propósito**, ¿te gusta la vida en Salamanca? ¿Has visitado algún pueblo de Salamanca?

Makoto : No, señor, todavía no.

Alfonso : Nosotros, cuando éramos niños, vivíamos en un pueblo. Nuestro padre era agricultor y ganadero. Teníamos vacas, ovejas y cerdos. Todos los días él se levantaba muy temprano y se marchaba al campo para trabajar.

Makoto : Mi abuelo también era agricultor. Cuando yo era pequeño solía pasar las vacaciones en casa de mis abuelos. Vivían en un pueblo en el norte de Japón. Mi abuelo cultivaba arroz.

Alfonso : Yo tengo una casa de campo cerca de Salamanca. Si quieres, puedes venir con nosotros el próximo fin de semana.

Makoto : **Encantado**, Don Alfonso. ¡Muchas gracias!

EXPRESIONES

1. **Me alegro de conocerte.**　（君と知り合いになれてうれしい）
2. **Siéntate, vamos a ver qué te pasa.**　（座りなさい、どうしたのか見てみましょう）
3. **No te preocupes.**　（心配しなくてもいいよ）
4. **A propósito,**　（ところで）
5. **Encantado.**　（うれしいな）

Guía Práctica Gramatical 14

1. 再帰動詞の点過去（→ Lección 10 を参照）

A) 活用

levantarse	
me levanté	nos levantamos
te levantaste	os levantasteis
se levantó	se levantaron

ponerse	
me puse	nos pusimos
te pusiste	os pusisteis
se puso	se pusieron

B) 用法

1 他動詞の自動詞化

¿A qué hora te levantaste ayer?

Los niños se acostaron temprano.

Los dos se sentaron en el banco y charlaron un rato.

2 直接再帰

María se miró en el espejo.

3 間接再帰

¿Por qué no te pusiste el jersey al salir?

4 相互再帰：「互いに〜し合う」

Los vecinos se ayudaron.

5 転意・強意

Ese niño se comió todo el plato.

Mi novia se fue sin decirme adiós.

Después de comer, la niña se durmió enseguida.

6 本来的再帰

No quise ofenderla, pero me atreví a decirle la verdad.

La señora se quejó de su mala suerte.

2. 受け身表現

1) 再帰受身：主語は事物

Se vendieron más de diez mil ejemplares.

El mes pasado se puso una película muy buena en el cine.

2) 人を3人称複数動詞の目的語にして「受身」の感じを表す．（→ p.40 無人称文を参照）

Al bajar del metro me empujaron y me caí.

¿Qué te dijeron? — No me dijeron nada.

¿Te robaron la cartera en el tren?

55

3. 直説法線過去

A) 活用　　（語尾 -ar → **-aba, -abas, -aba, -ábamos, -abais, -aban**）
　　　　　　（語尾 -er / -ir → **-ía, -ías, -ía, -íamos, -íais, -ían**）

hablar	
hab**laba**	hab**lábamos**
hab**labas**	hab**labais**
hab**laba**	hab**laban**

comer	
com**ía**	com**íamos**
com**ías**	com**íais**
com**ía**	com**ían**

vivir	
viv**ía**	viv**íamos**
viv**ías**	viv**íais**
viv**ía**	viv**ían**

不規則動詞（3動詞のみ）

ser	
era	éramos
eras	erais
era	eran

ir	
iba	íbamos
ibas	ibais
iba	iban

ver	
veía	veíamos
veías	veíais
veía	veían

B) 用法

[1] 過去における継続中の行為・状態：「～していた」

　　Cuando éramos niños, vivíamos en el campo.
　　Eran las diez de la noche cuando me desperté.
　　Cuando salí de casa, llovía a cántaros.
　　Tenía veinte años cuando se casó.
　　El cielo estaba despejado.
　　Antes había muchos árboles en el bosque.

> haber – **había**

[2] 過去において反復された行為・習慣：「よく～したものだ」

　　Cuando éramos niños, íbamos a nadar en el río.
　　La abuela nos contaba cuentos a menudo porque no había radio ni televisión en aquella época.

[3] 過去における現在 (時制の一致)

　　Juan dijo que vivía en Cádiz.　　(← Juan dice que vive en Cádiz.)
　　Dijo que le dolía una muela.　　(← Dice que le duele una muela.)

[4] 婉曲的な表現

　　¿Qué deseaba usted?
　　Quería ver al señor Ramón García.

Ejercicios 14

[1] （　　　）内の再帰動詞を点過去形に活用させなさい.

1) Isabel y Fernando (casarse-) el año pasado.

2) (Acostarse-) (yo) tarde anoche leyendo una novela policíaca.

3) Los dos señores (encontrarse-) en la calle,
(quitarse-) el sombrero y (saludarse-).

4) (Olvidarse-) (tú) de llamarme anoche, ¿no?

5) Los niños (dormirse-) enseguida después de cenar.

[2] （　　　）内の不定詞を点過去形もしくは線過去形に活用させなさい.

1) (Ser-) las doce cuando mi padre (volver-) a casa.

2) Cuando yo (ser-) estudiante, (ir-) al cine los domingos.

3) Hace muchos años aquí (haber-) un puente.

4) De jóvenes María y yo (verse-) en aquel café.

5) Yo (ver-) la televisión cuando (venir-) a verme un
amigo mío.

6) ¿Qué te (decir-) Don José?
— Me ( ) que (tener-) mucho trabajo.

7) Nosotros (creer-) sin ninguna duda que (ser-) verdad.

8) (Yo)(aparcar-) el coche en zona prohibida y me (poner-)
una multa.

9) Cuando yo (ir-) a la oficina (tener-) un accidente en la
autopista.

10) ¿Qué (desear-) usted? — (Querer-) ver al director.

[3] スペイン語で表現しなさい.

1) 昨夜，私は寝るのが遅かった.

2) 昔，私たちはよく映画を見たものですよ.

3) ホセが目を覚ました (despertarse) のは午前11時でした.

4) 彼らが家を出たとき，土砂降りの雨が降っていました (llover a cántaros).

5) 私が彼のオフィスに行ったとき，そこには誰もいませんでした.

Lección 15   ¿Estarás en casa mañana?

Carlos : **¡Dígame!**
Sara : Buenos días. Soy Sara. ¿Podría hablar con Elena?
Carlos : Sí, un momento. Ahora se pone.
Sara : ¡Hola, Elena! ¿Cómo estás? Mira, voy a salir esta tarde de compras. **¿Podrías acompañarme?**
Elena : Sí, por supuesto. ¿Qué vas a comprar?
Sara : Quiero comprar un regalo para tu madre, y contigo será más fácil elegirlo. Oye, ¿le gustarían unos pendientes? **¿O, le vendría mejor un bolso?**
Elena : **Creo que sería mejor algo de vestir.**
Sara : ¡Ah! Marta vendrá también con nosotras.
Elena : Muy bien. **¿A qué hora quedamos?**
Sara : **¿Qué tal a las cinco en la Plaza**, debajo del Reloj**?**
Elena : ¡Vale! Allí estaré.
Sara : Yo voy a llamar ahora a Marta, que me dijo que estaría toda la mañana en casa. ¡Hasta luego, entonces!

EXPRESIONES

1. **¡Dígame!**　（〔電話の応答で〕もしもし！）
2. **¿Podrías acompañarme?**　（〔買い物に〕つきあっていただけない？）
3. **¿O, le vendría mejor un bolso?**　（それとも，ハンドバッグのほうがいいかしら？）
4. **Creo que sería mejor algo de vestir.**　（何か着る物のほうがいいんじゃないかしら）
5. **¿A qué hora quedamos?**　（何時に待ち合わせようか？）
6. **¿Qué tal a las cinco en la Plaza?**　（5時に広場でどうかしら？）

Guía Práctica Gramatical 15

Lección **15**

CD-66

1. 直説法未来

A) 活用

1 不定詞 + -é, -ás, -á, -emos, -éis, -án

hablar	comer	vivir
hablar**é**	comer**é**	vivir**é**
hablar**ás**	comer**ás**	vivir**ás**
hablar**á**	comer**á**	vivir**á**
hablar**emos**	comer**emos**	vivir**emos**
hablar**éis**	comer**éis**	vivir**éis**
hablar**án**	comer**án**	vivir**án**

2 不定詞の語尾 (-er) の母音 (-e-) が脱落する動詞

poder → **podré, podrás, podrá, podremos, podréis, podrán**

querer → **querré, querrás, querrá, querremos, querréis, querrán**

saber → **sabré, sabrás, sabrá, sabremos, sabréis, sabrán**

haber → **habrá (→ hay, hubo, había)**

3 不定詞の語尾 (-er, -ir) の母音 (-e-, -i-) が -d- に変わる動詞

poner → **pondré, pondrás, pondrá, pondremos, pondréis, pondrán**

salir → **saldré, saldrás, saldrá, saldremos, saldréis, saldrán**

tener → **tendré, tendrás, tendrá, tendremos, tendréis, tendrán**

venir → **vendré, vendrás, vendrá, vendremos, vendréis, vendrán**

4 特殊な活用の動詞

decir → **diré, dirás, dirá, diremos, diréis, dirán**

hacer → **haré, harás, hará, haremos, haréis, harán**

B) 用法

1 未来の行為・状態を表す.

Mañana estaré en casa.

(Mañana voy a estar en casa. → p.36 未来の代用 ir a + inf.を参照)

Te llamaré lo antes posible.

2 現在の事柄を推測して表す.

¿Cuántos años tendrá ese señor?

3 命令を表す.

Estarás aquí, ¿eh?

59

CD-67

2. 直説法過去未来

A) 活用

1 不定詞 + -ía, -ías, -ía, -íamos, -íais, -ían

hablar	comer	vivir
hablaría	comería	viviría
hablarías	comerías	vivirías
hablaría	comería	viviría
hablaríamos	comeríamos	viviríamos
hablaríais	comeríais	viviríais
hablarían	comerían	vivirían

2 不定詞の語尾 (-er) の母音 (-e-) が脱落する動詞

poder → podría, podrías, podría, podríamos, podríais, podrían
querer → querría, querrías, querría, querríamos, querríais, querrían
saber → sabría, sabrías, sabría, sabríamos, sabríais, sabrían
haber → habría

3 不定詞の語尾 (-er, -ir) の母音 (-e-, -i-) が -d- に変わる動詞

poner → pondría, pondrías, pondría, pondríamos, pondríais, pondrían
salir → saldría, saldrías, saldría, saldríamos, saldríais, saldrían
tener → tendría, tendrías, tendría, tendríamos, tendríais, tendrían
venir → vendría, vendrías, vendría, vendríamos, vendríais, vendrían

4 特殊な活用の動詞

decir → diría, dirías, diría, diríamos, diríais, dirían
hacer → haría, harías, haría, haríamos, haríais, harían

B) 用法

1 過去から見た未来の行為・状態を表す.

Carmen dijo que vendría a mi casa esta noche.
(← Carmen dice que vendrá a mi casa esta noche.)

2 過去の行為・状態の推量を表す.

Sería muy tarde cuando llegó mi padre a casa.

3 現在や未来の行為・状態を暗に条件を含んで推測する:「〜ではなかろうか」

De ser verdad, mis padres estarían muy contentos.

4 現在の行為・状態の婉曲表現.

Desearía (Me gustaría) hablar contigo.

60

Ejercicios 15

[1] (　　) 内の動詞を未来形にしなさい.

1) Si hace buen tiempo mañana, (vamos-　　　　　　　　) de pesca.

2) El cielo está nublado. (Llueve-　　　　　　) pronto.

3) ¿(Tenéis-　　　　　　) tiempo mañana por la mañana?

4) ¿Qué hora (es-　　　　　)?
   — No tengo reloj, pero ya (son-　　　　　　　) las cinco de la tarde.

5) ¿Qué (haces-　　　　　) mañana por la tarde?
   — (Estoy-　　　　　) en casa toda la tarde.

6) ¿Cuándo me (llamas-　　　　　　)?
   — Te (llamo-　　　　　) cuanto antes.

7) Mañana por la noche (vienen-　　　　　　　) unos amigos nuestros a vernos.

8) Son las once de la noche. (Me acuesto-　　　　　　) ya.

9) ¿Qué (es-　　　　) ese edificio que se ve allí? — ¡Quién sabe!

10) Me (esperáis-　　　　　) a la salida del metro, ¿eh?

[2] (　　) 内の動詞を過去未来形にしなさい.

1) ¿Qué hora (es -　　　　　　) cuando llegó a casa mi padre?
   — (Son -　　　　　　) las cuatro de la madrugada.

2) Les prometí que (hago -　　　　　　) todo lo posible.

3) (Tiene -　　　　　) unos cuarenta años cuando se casó.

4) ¿(Puedes -　　　　　) pasarme la sal?

5) Me (gusta -　　　　　) vivir en un lugar cerca del mar.

[3] スペイン語で表現しなさい.

1) 明日の天気はどうだろうか？ — 明日は晴れるでしょう.

2) 明日の午後, 野球の試合はあるのかな？

3) 玄関のベルがなっているよ. 誰だろう？

4) 私たちはそれは事実だろうと思っていました.

5) 長男が生まれたとき, イサベルは30歳ぐらいだっただろう.

Lección 16   ¡Pórtate bien!

Doña María	:	Carlitos, tu padre y yo vamos a salir a cenar con unos amigos esta noche. Elena también va a salir con su amiga. Makoto y Antonio piensan ir al cine. **¡Pórtate bien!** Nosotros volveremos pronto.
Carlos	:	**De acuerdo.** ¡No os preocupéis!
Don José	:	¿Tienes muchos deberes?
Carlos	:	Sí, un montón.
Doña María	:	Bueno, pues primero haz los deberes y después cena. **Tienes todo preparado en la cocina** y no veas mucho la televisión.
Don José	:	**¡Acuéstate pronto, hijo!**
Doña María	:	Y no te olvides de lavarte los dientes.
Carlos	:	Sí... de acuerdo. ¡Ah, mamá! Llámame mañana a las 8.
Doña María	:	Bueno hijo, hasta luego y no le abras la puerta a nadie. Hasta mañana. **¡Que descanses!**
Carlos	:	Adiós. Buenas noches. ¡Uf! **¡Qué pesados!**

EXPRESIONES

1. **¡Pórtate bien!** 　（いい子にしているんですよ！）
2. **De acuerdo.** 　（わかったよ）
3. **Tienes todo preparado en la cocina.** 　（キッチンに食事の支度ができているからね）
4. **¡Acuéstate pronto, hijo!** 　（早く寝るんだよ！）
5. **¡Que descanses!** 　（おやすみなさい！）
6. **¡Qué pesados!** 　（うんざりだよ！）

Guía Práctica Gramatical 16

CD-69

1. 命令文

   A) 肯定命令

   [1] **tú, vosotros に対する命令**

   tú ： 直説法現在3人称単数と同形.
   vosotros： 不定詞の **-r** を **-d** に変える.

	hablar	comer	abrir	cerrar	oír
tú	habla	come	abre	cierra	oye
vosotros	**hablad**	**comed**	**abrid**	**cerrad**	**oíd**

   Habla un poco más alto.
   Abrid las ventanas.

    tú に対する命令形（不規則形）

   decir → **di**　　hacer → **haz**　　ir → **ve**　　poner → **pon**
   salir → **sal**　　ser → **sé**　　tener → **ten**　　venir → **ven**

   Niño, ten cuidado con los coches.
   Ven para acá.

   [2] **usted, ustedes に対する命令**

	hablar	comer	abrir
usted	hable	coma	abra
ustedes	hablen	coman	abran

   Hable usted un poco más alto.
   Abra usted la puerta.
   Cierre usted la ventana.

    usted に対する命令形（不規則形）

   decir (digo) → **diga**　　　　　　hacer (hago) → **haga**
   poner (pongo) → **ponga**　　　　salir (salgo) → **salga**
   tener (tengo) → **tenga**　　　　　venir (vengo) → **venga**
   conocer (conozco) → **conozca**　　traer (traigo) → **traiga**

   ir → **vaya**　　　　saber → **sepa**　　　　ser → **sea**
   estar → **esté**　　dar → **dé**　　　　　　ver → **vea**

3 再帰動詞の肯定命令形

levantarte　→　**Levántate**. (← Te levantas.)

levantaros　→　**Levantaos**. (-d を削除して -os をつける) (← Os levantáis.)

levantarse　→　**Levántese**. (← Se levanta.)

acostarte　→　**Acuéstate**. (← Te acuestas.)

acostaros　→　**Acostaos**. (← Os acostáis.)

acostarse　→　**Acuéstese**. (← Se acuesta.)

ponerte　→　**Ponte**. (← Te pones.)

poneros　→　**Poneos**. (← Os ponéis.)

ponerse　→　**Póngase**. (← Se pone.)

irte　→　**Vete** a la cama.

iros　→　**Idos**.

4 **nosotros に対する命令** (接続法現在)「さあ〜しましょう」

Subamos. = Vamos a subir.　(→ p.36 Vamos a + 不定詞を参照)

Comamos. = Vamos a comer.

Levantémonos. = Vamos a levantarnos.

　　　　注 Levantémosnos. の **-s** が脱落する.

B) 否定命令：no + 接続法現在

No hables.	No bebas.	No escribas.
No habléis.	No bebáis.	No escribáis.
No hable usted.	No beba usted.	No escriba usted.
No hablen ustedes.	No beban ustedes.	No escriban ustedes.

No pongas la maleta aquí.　→　No la pongas aquí.

Levántese usted.　→　No se levante usted.

No te pongas el abrigo.　→　No te lo pongas.

★ **接続法現在形の作り方**

-ar 動詞の語尾を **-e, -es, -e, -emos, -éis, -en** に変える.

-er, -ir 動詞の語尾を **-a, -as, -a, -amos, -áis, -an** に変える.

Ejercicios 16

[1] (   ) 内の不定詞を命令形にしなさい.

1) (Hablar -   ) (tú, vosotros) en español, por favor.
2) (Abrir-   ) (tú, vosotros) la botella.
3) (Venir-   ) (tú, vosotros) aquí.
4) (Tener-   ) (tú, vosotros) cuidado con los coches.
5) (Decirme-   ) (tú), ¿con quién saliste anoche?

[2] (   ) 内の不定詞を命令形にしなさい.

1) Oye, (esperar-   ) un momento. Voy en seguida.
2) Oye, (mirar-   ) allí hay una taberna. ¡Vamos a entrar!
3) (Ser-   ) (tú) puntual. Siempre llegas tarde.
4) (Pasar-   ) usted por aquí, por favor.
5) (Venir-   ) ustedes sin prisa.
6) (Tener-   ) usted mucho cuidado, señora.
7) ¡(Oír-   ) (usted)!
   — ¡(Decirme-   ) (usted)!
8) No me (decir-   ) (tú) esas tonterías.
9) (Irte-   ) (tú) a la cama, ya es tarde.
10) No (preocuparos-   ).

[3] スペイン語で表現しなさい.

1) よく聞こえない (no oírte bien) から，もっとゆっくり話してよ.

2) 君たち，とても寒いからコートを着なさい.

3) 皆さん，急いでください (darse prisa). 遅刻してしまいますよ (llegar tarde).

4) 傘をお持ちください (llevarse), 雨が降るかもしれませんから.

5) カルロス，通路を (por este pasillo) 走ってはダメですよ.

動詞と形容詞

● 動詞 （＊印は現在形が不規則活用）

-ar 動詞

acabar, acompañar, acordar(se)*, acostar(se)*, alegrar(se), almorzar*, amar, andar, aparcar, arreglar, ayudar, bailar, bajar, besar, buscar, cambiar, cansar(se), cantar, casar(se), celebrar, cenar, cerrar*, charlar, comenzar*, comprar, contar*, contestar, cortar(se), costar*, cultivar, dar*, dejar, desayunar, descansar, desear, despertarse*, empezar*, empujar, encantar, encontrar*, enfadar(se), enfriar(se), enseñar, entrar, escuchar, esperar, estar*, estudiar, examinar(se), explicar, fumar, gustar, hablar, interesar, invitar, jugar*, lavar(se), levantar(se), limpiar(se), llamar(se), llegar, llevar(se), mandar, marcar, marchar(se), mirar, molestar(se), nadar, necesitar, olvidar(se), pagar, pasar, pasear, pensar*, portar(se), preguntar, preocupar(se), preparar, presentar, prestar, publicar, quedar, quejarse, quitar(se)*, recomendar*, recordar*, regalar, regañar, robar, sentar(se)*, solucionar, tardar, terminar, tocar, tomar, trabajar, usar, viajar, visitar

-er 動詞

aprender, atreverse a + inf., beber, caber*, caer(se)*, coger, comer, comprender, conocer*, correr, creer, deber, devolver*, doler*, encender*, entender*, escoger, haber* (hay), hacer*, leer, llover*, meter, mover*, ofender, parecer*, perder*, poder*, poner(se)*, prometer, querer*, recoger, romper, saber*, ser*, soler*, temer, tener*, traer*, vender, ver*, volver*

-ir 動詞

abrir, asistir, conducir*, corregir*, cubrir, cumplir, decir*, dormir*, escribir, ir(se)*, mentir*, morir*, oír*, partir, pedir*, preferir*, producir*, recibir, reír*, repetir*, salir*, seguir*, sentir*, servir*, subir, venir*, vestir(se)*, vivir

■ 形容詞 （＊印は男女同形）

amarillo, azul*, blanco, gris*, marrón*, morado, negro, rojo, rosado, verde*

agrio, amargo, dulce*, picante*, salado

abierto, alto, ancho, bajo, cerrado, contrario, corto, delgado, estrecho, gordo, grande*, grueso, largo, ligero, lleno, pequeño, pesado, próximo, siguiente*, último, vacío

actual*, antiguo, barato, blando, breve*, bueno, caliente*, caro, claro, clásico, débil*, difícil*, desordenado, diferente*, duro, fácil*, fresco, frío, fuerte*, grave*, húmedo, importante*, interesante*, lento, limpio, malo, mismo, moderno, mucho, necesario, nuevo, oscuro, poco, posible*, rápido, ruidoso, seco, seguro, suave*, sucio, tranquilo, útil*

aburrido, agradable*, alegre*, amable*, antipático, bonito, cansado, cariñoso, contento, cruel*, delicado, dormido, enfadado, enfermo, estudioso, feliz*, feo, guapo, inteligente*, joven*, moreno, libre*, listo, loco, muerto, nervioso, ocupado, pobre*, resfriado, rico, rubio, sano, serio, simpático, terrible*, tonto, trabajador, triste*, viejo, vivo

66

Lecturas

(Lectura 3〜14)

Lectura 3 — *Una familia de Salamanca.*

Salamanca no es grande, es una ciudad antigua y tranquila. Las calles del centro son estrechas. Son de piedra. El Puente Romano también es de piedra. Es muy hermoso. Es el símbolo de la ciudad. La Plaza Mayor es grande y bonita. Es el corazón de Salamanca. Los salmantinos son muy alegres.

*   *   *

Don José es abogado. Es muy amable. Es de Cáceres. Su mujer es Doña María. Es de Salamanca. Es ama de casa y muy simpática. La hija mayor, Carmen, es maestra de enseñanza primaria. Es muy alegre e inteligente. El hermano menor, Antonio, es estudiante de Derecho de la Universidad de Salamanca. Es alto y delgado. La hermana menor, Elena, es también estudiante. Es deportista. Las dos hermanas son muy guapas. El pequeño es Carlos. Es un chico muy animado de la escuela primaria. Así es la familia de Don José. Es una familia española muy alegre y sana.

Lectura 4 — *Una visita por Salamanca.*

Salamanca está al oeste de Madrid a unos trescientos kilómetros. Allí hay una plaza muy pintoresca: la Plaza Mayor. Está en el centro de la ciudad. Siempre está llena de gente. Al lado de la Plaza hay un mercado y siempre hay mucha gente allí. La Universidad de Salamanca está cerca de la Plaza. En esa universidad hay muchos estudiantes españoles y extranjeros. Su biblioteca está abierta todos los días. En las afueras hay un río. El Puente Romano está sobre el Río Tormes.

*   *   *

Don José no está en casa ahora, está en su despacho. Su oficina está en el centro. Doña María está fuera de casa. Está de compras. Tal vez está en el mercado. Doña María siempre está ocupada. Sus hijos Antonio y Elena están en clase, en la universidad. La hija mayor, Carmen, es maestra y está en un pueblo muy lejos de Salamanca. El último, Carlos, está en el colegio. Makoto está muy contento porque la familia de Don José es muy simpática, alegre y amable.

| Lectura 5 | *La familia española de Makoto.* |

Don José es abogado. Su despacho está en el centro de la ciudad. Siempre trabaja mucho. Doña María también trabaja mucho diariamente: prepara la comida, plancha la ropa y también cuida su jardín. Pero sus hijos ayudan mucho a Doña María. Ahora compra en el mercado que está cerca de la Plaza Mayor.

Su hija mayor, Carmen, trabaja de maestra de primaria en un pueblo. Carmen canta y baila muy bien, además toca el piano maravillosamente. Hoy es viernes y llega esta noche. Regresa a su casa todos los fines de semana. Todos esperan a Carmen.

Antonio es el hijo mayor de la familia. Estudia Derecho en la Universidad para ser abogado como su padre. Es muy estudioso. Nunca llega tarde ni falta a la clase.

Su hermana menor es Elena. Estudia Económicas en la Universidad. Elena habla inglés y francés perfectamente. Es deportista y practica atletismo. Es la campeona de carrera de medio fondo de la provincia.

Su hermano menor, Carlos, es el pequeño de la familia. Todos le llaman Carlitos con cariño. Estudia en la escuela primaria. Siempre dibuja o pinta. A veces acompaña a su madre hasta el mercado para llevar las cosas a casa. Es un buen chico.

| Lectura 6 | *Todos están ocupados.* |

La familia de Don José vive en una casa de lujo cerca del río. Ellos viven en ese barrio desde hace mucho tiempo. La oficina de Don José está en el centro, queda bastante cerca de su casa. Tarda unos veinte minutos a pie. Don José trabaja mucho: escribe muchos documentos y recibe a los clientes. Ahora está en un restaurante con un cliente suyo muy importante. Debe llegar pronto otro cliente. Mientras, los dos beben vino y luego comen juntos.

*   *   *

Doña María también siempre anda muy ocupada con las tareas domésticas. Prepara las comidas: el desayuno, el almuerzo y la cena. Limpia las habitaciones. Ahora está en la tienda de Don Pepe. Compra verduras: cebollas, lechugas, zanahorias, patatas, tomates y ajos, y también frutas: naranjas, manzanas, peras, plátanos, fresas y uvas. También compra carne de vaca, cerdo y pollo. Compra muchas cosas porque este fin de semana ellos celebran una fiesta de cumpleaños. Además, pronto llegan los hijos con mucha hambre. Al mediodía siempre comen juntos.

| Lectura 7 | *Carmen vuelve a casa.* |

Doña María cuida bien el jardín porque a Doña María le gustan mucho las flores. Le encanta trabajar en el jardín. Por eso, siempre en casa hay flores de temporada como rosas, claveles y tulipanes.

Doña María es muy buena cocinera. Le gusta mucho cocinar. Ahora está en el mercado. Saluda a los vecinos y charla un rato con ellos. Y ahora está en la tienda del frutero, Don Pepe.

*   *   *

Su hija mayor, Carmen, es maestra de primaria. Está soltera y vive sola en un pueblo en la provincia, bastante lejos de Salamanca. Es muy mona. A ella no le gusta vivir en la ciudad, porque la vida no es tranquila. Siempre hay mucho tráfico y ruido. Está cansada de vivir en la ciudad, por eso le encanta vivir cerca de la naturaleza. La gente del pueblo es muy amable y atenta. Desea trabajar en el pueblo para siempre. Le encanta cantar, bailar y tocar el piano. Carmen escribe a veces a sus padres y hermanos y habla por teléfono con su madre. Pero Doña María está ocupada todo el tiempo. Toda la familia siempre habla de ella. Hoy Carmen llega pronto a casa. Todos la esperan.

| Lectura 8 | *La habitación de Makoto.* |

A Makoto no le resulta difícil acostumbrarse a su nueva vida en España. Además, en casa de Don José lo tratan con mucho cariño, como a un miembro más de la familia y Makoto está feliz.

La habitación de Makoto es amplia y soleada, con una gran ventana que da a la calle. La habitación tiene un armario para guardar la ropa, una estantería llena de libros, una mesa de estudio, un sillón y una cama.

La habitación de Antonio y Carlitos está al lado de la de Makoto. Makoto pasa allí muchos ratos para charlar con ellos o escuchar música. Carmen y Elena comparten la misma habitación. Está llena de muñecos de trapo y en la estantería de Elena hay muchas copas de competiciones de atletismo.

En las paredes de la casa hay muchos cuadros y fotos de la familia. El salón de la casa está al fondo del pasillo. Es una habitación muy acogedora y allí, al final del día, se reúne toda la familia para ver la televisión o contarse los acontecimientos del día.

Lectura 9   *Tío Alfonso.*

Esta noche dan una fiesta en casa de Don José. Es que Carmen regresa hoy y además, pasado mañana es su cumpleaños. También van a dar la bienvenida a Makoto. Doña María está muy ocupada con los preparativos. Invitan a los amigos y vecinos, también a la familia de Alfonso, el hermano menor de Doña María. Todos lo llaman "Tío Alfonso".

Alfonso es dentista y tiene una clínica en el centro de la ciudad. Conoce bien toda España porque le gusta mucho viajar. Pronto va a hacer un viaje por el sur. Por eso conoce muy bien el folclore típico, la música y los bailes de cada región. Tío Alfonso sabe tocar la guitarra. Su sobrina, Carmen, sabe cantar y bailar flamenco. Algunas veces Tío Alfonso la acompaña con la guitarra.

Su mujer, Rosa, es ama de casa. Es del norte de España. Tiene muy buen carácter. Sabe cocinar muy bien. Está muy ocupada porque acaba de tener una niña, Ángela. Su hijo mayor es Francisco. Tiene apenas cinco años y lo llaman Paquito. Es un niño muy lindo.

Tío Alfonso tiene una finca bastante amplia cerca de su casa. Allí tiene varios caballos. Algunos días llevan comida y bebida y lo pasan bien en su finca.

Tío Alfonso sabe montar a caballo muy bien y enseña a sus sobrinos. Este domingo por la mañana van a ir a montar a caballo de nuevo.

Lectura 10   *Un día cualquiera.*

En casa de Don José la primera que se levanta es Doña María. Se despierta muy temprano. Después de lavarse la cara y vestirse, prepara el desayuno para toda la familia.

A las ocho de la mañana ya están todos levantados. Don José se lava, se afeita, se viste y se va a la oficina. Cuando tiene mucha prisa o no le da tiempo, se va sin desayunar. Doña María se preocupa mucho por su salud. Carlos sale de casa con su papá para ir a la escuela. Makoto y Antonio van juntos hasta la universidad.

Elena es la última en salir. Sus clases no empiezan hasta las diez. Después de irse todos, se mete en el cuarto de baño y se ducha. Luego se pinta, se viste, se peina... A veces sus hermanos se enfadan con Elena porque tarda mucho en arreglarse.

Cuando se queda sola en casa, Doña María empieza a hacer las faenas de la casa: pasa la aspiradora, limpia el polvo, sacude las alfombras, friega los cuartos de baño y recoge la cocina. Doña María es una buena ama de casa.

Lectura 11 — *La vida de Makoto en Salamanca.*

Ahora Makoto está paseando por el centro de Salamanca. Como no es una ciudad muy grande, Makoto ha aprendido rápidamente a moverse sin problemas por ella.

Normalmente va andando a todas partes. Hoy ha ido a la oficina de Correos. La oficina principal está en una calle muy céntrica, la Gran Vía. Makoto ha tenido que preguntarle a un señor: "¿Cómo se va a la oficina de Correos?" Entonces el señor le ha contestado: "Se va recto por esta calle, y doblando la tercera calle a la derecha, está la oficina". Después de poco tiempo Makoto la ha encontrado fácilmente. Luego ha ido al banco. Los empleados han sido muy amables con él. Makoto ha cambiado algunos yenes. Está muy contento porque no ha tenido ningún problema para hacerse entender.

Al salir del banco se ha encontrado con Laura. Makoto le ha dicho: "¿Qué estás haciendo por aquí?" Los dos han entrado en una cafetería. Después Makoto ha ido con ella hasta la Oficina de Turismo donde trabaja. Laura le ha regalado un póster de Salamanca y algunos folletos y planos turísticos.

Lectura 12 — *Visitando la Universidad de Salamanca.*

Antonio es uno de los miles de estudiantes que tiene la Universidad de Salamanca. Esta universidad se fundó en el siglo XIII y, desde entonces hasta hoy, por sus aulas han pasado importantes personajes de la cultura española como Cervantes, Lope de Vega, Nebrija, Hernán Cortés, etc. Su histórico edificio se construyó en el siglo XV durante el reinado de los Reyes Católicos. Su fachada es una de las obras más representativas del estilo plateresco. Entre los motivos escultóricos que adornan esta fachada hay una pequeña rana encima de una calavera que es difícil apreciar a simple vista. La tradición dice que para aprobar el curso hay que encontrar la rana.

En este edificio está la biblioteca donde se guardan libros antiquísimos, la capilla y las aulas de famosos profesores que enseñaron aquí.

La mayoría de las facultades actuales están en los alrededores de este edificio.

Lectura 13 — *El deporte rey en España.*

El deporte rey en España es, sin duda, el fútbol. En los parques y en los patios de los colegios es fácil ver grupos de niños dándole patadas a un balón. Todos los domingos se juega el Campeonato Nacional de Liga. Hay veinte equipos en Primera División, y el Real Madrid y el Barcelona son los más populares entre los aficionados.

En casa de Don José a todos les gusta el fútbol. El domingo pasado fueron al estadio a ver el partido de fútbol del Real Madrid contra el Barcelona. Elena y Carlitos son hinchas del Real Madrid; y Antonio y su padre, del Barcelona. Se enfrentaron los dos equipos y cada uno animó al suyo. Por supuesto, Makoto también se emocionó. El partido acabó en empate uno a uno. Todos se desilusionaron mucho.

Carlitos juega en el equipo de su colegio. Es delantero centro y es un buen futbolista. Sueña con llegar a ser futbolista profesional. Quizás algún día su sueño se cumpla.

Lectura 14 — *Un buen dentista.*

Ayer Makoto fue a la consulta de Alfonso porque le dolía mucho una muela. Carmen se lo presentó a Alfonso. Pero Makoto no quería ir al dentista porque tenía miedo. Alfonso es muy buen dentista y Makoto se dio cuenta enseguida, se alegró mucho de conocer a Tío Alfonso.

Después de la consulta charlaron un rato y Alfonso invitó a Makoto a pasar unos días en su casa de campo.

* * *

El sábado pasado la familia de Don José y Makoto fueron a la finca de Tío Alfonso, que está en los alrededores de la ciudad de Salamanca. Allí los esperaba la familia de Tío Alfonso. Makoto llevó unos regalos para los niños y se pusieron muy contentos.

Después hicieron una barbacoa en el jardín. Tío Alfonso tocó la guitarra, cantaron y bailaron todos. También montaron a caballo. Todos lo pasaron muy bien.

VOCABULARIO BÁSICO
本テキストで使われた基本語彙

● 語彙は課ごとに区切り，それぞれ **Diálogo, Guía Práctica Gramatical, Ejercicios** に出てくる順番に従って並べました．

● 名詞，動詞，形容詞を中心に選び，その他の品詞に関しては，重要と思われるものだけを選びました．

● 複数の課において使われている語彙は，初出の課のみに記載しました．

● 基本的に名詞は無冠詞で，形容詞は男性単数形で記載しました．

Lección 1

[Diálogo]

hola, ¿qué tal?, muy, bien, gracias, buenos días, señor, buenas tardes, señora, buenas noches, señorita, cómo, mucho gusto, encantado, encantada, adiós, hasta mañana, hasta luego, de nada, salud

Lección 2

[Diálogo]

café, por favor, chocolate, churros, sí, y, también, vaso, agua, vino, usted, cerveza, enseguida

[Guía Práctica Gramatical]

padre, madre, hombre, mujer, hijo, hija, niño, niña, amigo, amiga, gato, gata, libro, puerto, trabajo, desayuno, casa, puerta, mesa, ciudad, nación, ocasión, mano, foto (fotografía), moto (motocicleta), radio (radiodifusión), día, mapa, sofá, idioma, programa, problema, profesor, papel, flor, chica, revista, chico, paraguas, yo, nosotros, nosotras, tú, vosotros, vosotras, él, ellos, ella, ellas, ustedes

[Ejercicios]

caja, muchacho, camisa, abrigo, silla, periódico, comida, fruta, árbol, universidad, pared, estación, canción, calle, joven, hotel, avión, coche

Lección 3

[Diálogo]

americano, ¿verdad?, alemán, de, ¿dónde...?, estudiante, compañero, escuela, ¿qué...?, Salamanca, ¿quién...?, español, alto, delgado, alegre, simpático, fácil, ¡hombre!, difícil

[Guía Práctica Gramatical]

médico, redonda, México, madera, hora, cuarto, media, hoy, domingo, fecha, enero, guapo, guapa, bonito, bonita, azul, corbata, vestido, verde, japonesa, china, enfermera, e, inteligente, ¿cuándo...?, boda, mañana, Argentina, ¿cuánto...?, euro

[Ejercicios]

cielo, nube, blanco, Tokio, diccionario, color, rojo, Barcelona, España, examen, pasado mañana, en punto, abril, rico, bebida, fresco, ingeniero

Lección 4

[Diálogo]

sala, hay, clase, por la mañana, pero, por la tarde, en, estar de vacaciones, ¡Qué bien!, nadie, estar de compras, tampoco, ¡pobrecillo!, cama, enfermo, grave, un poco, resfriado, dormido, ¡Lo siento!, pobrecito

[Guía Práctica Gramatical]

mal, bar, abierto, banco, ventana, Madrid, centro, patio, cocina, Plaza Mayor, mucho, muchacha, alguien, algo, nada, nervioso, ¿por qué...?, tan, parque, mes, semana, año

[Ejercicios]

oye, cansado, caliente, sopa, frío, sucio, habitación, desordenado, cerca de, aquí, lejos de, salida, a la izquierda, pasillo, servicios, a la derecha, al fondo, mercado, garaje, quiosco, esquina, oficina de correos, por aquí, perdón, catedral, librería

Lección 5

[Diálogo]

preguntar, turismo, quedar, después, llegar, mirar, dentro, entrar, trabajar, empleado, llamar por teléfono, hablar, con, otro, que, llevar, chaqueta, pantalones, desear, necesitar, alguno, folleto, plano turístico, cómo no, un momento

[Guía Práctica Gramatical]

tren, procedente de, Cádiz, esperar, escuchar, música clásica, siempre, tomar, café solo, sombrero, visitar, Museo del Prado, Japón, ¿a qué hora...?, retraso, cantar, turista, comprar, pagar, tardar, hasta, enseñar, mandar, carta, regalar, dejar, buscar, invitar, fiesta

[Ejercicios]

estudiar, Derecho, ayudar, padres, tocar, guitarra, cafetería, abuelo, pasear por, todas las mañanas, todos los días, leche, profesora, historia, colegio, además, bailar, flamenco, terminar, reunión, pronto, acabar, deberes, esta noche, ¿cuánto tiempo...?, ya, un año y medio, arreglar, cumpleaños, tarjeta, Navidad, esta tarde

Lección 6

[Diálogo]

Ciencias Políticas, Literatura, japonés, sobre todo, pronunciación, aprender, en este momento, ¿cuál...?, nombre, rubio, amable, es decir, como, vivir, mismo, edificio, río, vecino, gusto

[Guía Práctica Gramatical]

comer, arroz, leer, novela, deber, hospital, creer, beber, demasiado, coger, para, después de, recoger, jugar, juguete, escribir, tarjeta postal, abrir, respirar, aire, subir a, montaña, ahí

[Ejercicios]

tango, vender, verdura, por supuesto, tanto, ganas, piel, caro, deber de +inf., casado, soltero, recibir, camarero, partir, tarta, cumplir, próximo, Sudamérica, allí, pluma, maleta, fumar, a esta hora, asunto, comprender

Lección 7

[Diálogo]

ver, televisión, cantante, popular, parecer, gustar, casi, disco, loco, la verdad, más, ¿qué tipo de...?, encantar, mariachis, ranchera, deber

[Guía Práctica Gramatical]

deporte, cine, fútbol, interesar, película, doler, cabeza, estómago, conmigo, contigo, enfadado

[Ejercicios]

con mucho gusto, prestar, música folclórica, dulce, pintura, claro, pues, telenovela, aburrido, disco compacto

Lección 8

[Diálogo]

poder, servir, lo siento, sentir, fuera de, tal vez, lástima, volver, libre, ¿por qué?, es que, recordar, venir, vale, entonces

[Guía Práctica Gramatical]

pensar, cerrar, comenzar, empezar, recomendar, sentar, querer, encender, entender, perder, mentir, preferir, contar, almorzar, costar, encontrar, devolver, mover, soler, dormir, morir, país, teléfono, tenis, pedir, reír, repetir, vestir, seguir, número, ordenador, computadora, para nada, Andalucía, unos días, salir, aparcar

[Ejercicios]

zapatos, café con leche, té, por ninguna parte, recital, piano, corazón, esposa, siesta

Lección 9

[Diálogo]

pasar, mejor, aunque, todavía, tener, dolor, fiebre, sed, razón, hambre, apetito, estar en cama, unos días más, doctor, desde

[Guía Práctica Gramatical]

dar, saber, conocer, hacer, poner, caer, traer, caber, cigarrillo, nadar, verano, gente, ascensor, calor, buen tiempo, mal tiempo, sol, viento, llover, junio, julio, nunca, nevar, costa, Mediterráneo, nublado, decir, oír, ir, veinte, sueño, prisa, tener que + inf., temprano, Perú, verdad, música pop, FM (Frecuencia Modulada), ir a + inf., compra, vamos a + inf.

[Ejercicios]

edad, mentira, tremendo, solo, ejercicio, para mi salud, novia, dirección, en serio, en broma, violín, refresco, invierno, correo electrónico, conducir

Lección 10

[Diálogo]

madrugador, levantarse, luego, lavarse, vestirse, desayunar, irse, acostarse, sentarse, enfriarse, molestarse, acompañar, ayuda

[Guía Práctica Gramatical]

llamarse, espejo, cara, limpiarse, diente, ponerse, quitarse, atreverse a + inf., quejarse de, publicar, enciclopedia, Brasil, portugués, sello, millonario, recto, campo, aeropuerto, taxi, adelante, partido, gemelos, muchas veces, hermano, pueblo, viviente, hermoso

[Ejercicios]

ni, impuesto, en particular, tortilla de patatas, sacar, museo, Juegos Olímpicos, Copa Mundial, celebrar, jersey, aceite de oliva, producir, dentro de poco, alegrarse de + inf., navegar por Internet

Lección 11

[Diálogo]

acabar de + inf., pasarlo bien, primero, carnicería, filete, charcutería, kilo, chorizo, quizás, hermana, dentro de, noticia

[Guía Práctica Gramatical]

escrito, puesto, vuelto, cubierto, hecho, roto, dicho, muerto, visto, el año pasado, la semana pasada, charlar, sentado, poco, alguna vez, algunas veces

[Ejercicios]

carné de conducir, sobre, Estados Unidos, postal, pelo, esta mañana, extranjero, sentirse mareado, levantarse tarde, perder el tren, corrida de toros

Lección 12

[Diálogo]

ayer, examinarse de, economía, gramática, entrenamiento, contrario, marcar, gol, duro

[Guía Práctica Gramatical]

tío, anoche, gafas, pregunta, peor, menos, mayor, menor, videocámara

[Ejercicios]

agencia de viajes, cámara, contestar, moderno, rápido, blusa

Lección 13

[Diálogo]

discoteca, cenar, corregir, trabajador, lunes, así que, tener miedo

[Guía Práctica Gramatical]

documento, estupendo, dar una fiesta, terremoto, a medianoche, cuando, hubo, relámpago, como un tronco, abuela

[Ejercicios]

anteayer, centro comercial, dinero, zumo de naranja, incendio, libro de texto, escritorio, ramo de flores

Lección 14

[Diálogo]

personalmente, picado, solucionar, a propósito, vida, agricultor, ganadero, vaca, oveja, cerdo, marcharse, cultivar

[Guía Práctica Gramatical]

plato, decir adiós, ofender, ejemplar, metro, empujar, robar, cartera, despertarse, llover a cántaros, casarse, despejado, había, bosque, cuento, a menudo, época

[Ejercicios]

novela policíaca, saludarse, olvidarse de, dormirse, puente, de joven, sin ninguna duda, zona prohibida, ponerle una multa

Lección 15

[Diálogo]

elegir, pendiente, bolso, debajo de

[Guía Práctica Gramatical]

habrá, lo antes posible, de ser verdad

[Ejercicios]

ir de pesca, madrugada, todo lo posible, sal, lugar, mar

Lección 16

[Díalogo]

portarse, de acuerdo, un montón, mamá, descansar, pesado

[Ejercicios]

tener cuidado con, acá

[Ejercicios]

botella, en seguida, puntual, llegar tarde, sin prisa, tontería, darse prisa, llevarse

プラサ・マヨール I 改訂ソフト版
－ベーシック・スペイン語－

検印省略	ⓒ 2007年4月1日	初版発行
	2012年1月30日	第7刷発行
	2014年1月30日	改訂初版発行
	2024年1月30日	第10刷発行
	2025年1月30日	第2版発行

著 者　　　　　　　　　　　青 砥 清 一
　　　　　　　　　　　　パロマ・トレナド
　　　　　　　　　　　　　高 松 英 樹
　　　　　　　　　　　　　二 宮 　 哲
　　　　　　　　　　　　　柳 沼 孝一郎
　　　　　　　　　　　　　松 井 健 吾
　　　　　　　ハビエル・カマチョ・クルス
　　　　　シルビア・リディア・ゴンサレス
　　　　　　　　　　グレゴリ・サンブラノ

発行者　　　　　　　　　　原 　 雅 久
発行所　　　　　　株式会社　朝 日 出 版 社
　　　　　　101-0065　東京都千代田区西神田3-3-5
　　　　　　　　　　　電話　03-3239-0271/72
　　　　　　　　　　振替口座　00140-2-46008
　　　　　　　　　　http://www.asahipress.com/
　　　　　組版　クロス・コンサルティング／印刷　図書印刷

乱丁、落丁本はお取り替えいたします。
ISBN 978-4-255-55166-1 C1087

本書の一部あるいは全部を無断で複写複製（撮影・デジタル化を含む）及び転載することは、法律上で認められた場合を除き、禁じられています。

朝日出版社 スペイン語一般書籍のご案内

電子書籍

GIDE（スペイン語教育研究会）語彙研究班　編
¡スペ単！ ―頻度で選んだスペイン語単語集（練習問題つき）―

◆様々なスペイン語の初級学習書を分析・解析。
◆学習者が最も必要とする語彙を抽出、文法項目と関連付けて提示。
◆各項目ごとに理解と運用を助ける練習問題を配備。
◆文法項目と語彙グループを結び付けて紹介。
◆豊富な練習問題と読み物資料ページでしっかり楽しく学べる。
◆多角的に語彙を覚えられる意味別・品詞別語彙リスト、単語の意味もついた詳細なさくいんつき。
◆初めてスペイン語を学ぶ人から、指導する立場の人まで幅広く活用できる一冊。

文字検索機能が使えるおまけもご用意しております

●A5判　●本編13章＋読み物資料＋巻末語彙集＋さくいん　●各項練習問題つき　●のべ5200語
●264p　●2色刷　2420円（本体価格2200円＋税）（000371）

小林一宏・Elena Gallego Andrada 著
スペイン語 文法と実践 ―ゆっくり進み、確かに身につく― Español con paso firme

◆日本人教員とネイティヴ教員の緊密な協力から生まれた自然な語法。　◆簡潔で適確な文法の解説。
　予習と復習のための矢印（➡）による関連個所の提示。
◆解説内容に沿った多くの例文とこれの理解を援ける註。
◆適宜、英語との比較による理解の深化。

●A5判　●33課　●320p　●2色刷
●音声データ付
3080円（本体価格2800円＋税）（000467）

※アマゾンKindle、紀伊国屋書店Kinoppy、楽天Kobo、Booklive!、hontoなどの電子書籍店でご購入いただけます。
専用端末以外でも、お手持ちのスマートフォンやタブレット（iOS, Android）でお読みいただけます。

福嶌教隆　著
スペイン語圏4億万人と話せる　くらべて学ぶスペイン語 改訂版　DVD+CD付
―入門者から「再」入門者まで―

◆スペインのスペイン語とラテンアメリカのスペイン語をくらべて、並行してどちらも学べます。
◆全くの初歩からスペイン語を学ぶ人（入門者）も、一通りの知識のある人（「再」入門者）も活用できるよう編集されています。
◆スペイン語圏各地のネイティブの吹込者によるCDや、スペインの美しい映像をおさめたDVD（スペイン語ナレーション付）が添付されています。
◆スペイン語を話すどの場所に行っても、この1冊で充分話し切れること間違いなしです！

●A5判　●15課　●144p　●さし絵多数　●DVD+CD付　●2色刷
2640円（本体価格2400円＋税）（000552）

高橋覚二・伊藤ゆかり・古川亜矢　著
とことんドリル！スペイン語　文法項目別

◆文法事項を確認しながら、一つずつ確実なステップアップ　　◆多様な話題のコラムも楽しい♪
◆全27章で、各章は3ページ【基礎】＋1ページ【レベルアップ】で構成　◆スペイン語のことわざをイラストで紹介
◆スペイン語技能検定試験4、5、6級の文法事項がチェックできる！
◆ふと頭に浮かぶような疑問も学習者の目線で丁寧に解説
◆復習問題でヒントを見ながら実力試せる

●B5判　●27章＋解答例・解説　●200p　●2色刷
2530円（本体価格2300円＋税）（000747）

西川喬　著
ゆっくり学ぶスペイン語　CD付

◆本書はスペイン語を「ゆっくり学ぶ」ための本です。
◆初めて学ぶ人はもちろんのこと、基礎的な知識を整理したい人にも最適です。
◆各課文法別に段階的に進みます。やさしい文法要素から順を追って知識が増やせるように配置しています。
◆各課には「ちょっとレベルアップ」のページがあります。少し知識のある方は、ぜひこのページに挑戦してください。

◆各課の最後に練習問題があります。自分で解いて、巻末の解答で確かめましょう。
◆再挑戦の方向けに、31、32課で「冠詞」と「時制」を扱っています。ぜひ熟読してください。
◆それでは本書で、「ゆっくりと」スペイン語を楽しんで行きましょう。

●A5判　●32課　●264p　●さし絵多数　●2色刷　●CD付　3190円（本体価格2900円＋税）（001081）

（株）朝日出版社

〒101-0065　東京都千代田区西神田3-3-5
TEL:03-3263-3321　FAX:03-5226-9599　https://www.asahipress.com/

Plaza Mayor

別冊「便利手帳」

Paloma TRENADO　　　Masashi TAKANO
Arturo Varón López　　Hideki TAKAMATSU
Seiichi AOTO　　　　　Satoshi NINOMIYA
　　　　　　　　　　　Koichiro YAGINUMA

目　次

1. 生活一般 ································· 2
2. 旅行 ································· 10
3. 時事・略語 ································· 12
4. コンピューター・サッカー ································· 18
5. 基本動詞活用集（時制別） ································· 20
6. 基数・序数・月名・曜日 ································· 23
7. 旅行で使えるフレーズ集 ································· 24

＊ 1.〜 3. の語彙中に出現する，「ラ米」「英」の表記は，それぞれ「ラテンアメリカ」
「英語」を意味し，それに続く語彙の，その地域・言語での言い方を示す。

Editorial Asahi

1. 生活一般

食べ物　Comidas

albóndiga　ミートボール

almuerzo　昼食

arroz　ライス，米

bocadillo　（フランスパンにハム・サラミなどをはさんだスペインの）サンドイッチ

cena　夕食，ディナー

comida　食事，昼食

desayuno　朝食

ensalada　サラダ (ensalada de lechuga　レタスサラダ, ensalada de mariscos　魚介類のサラダ, ensalada de frutas　フルーツサラダ, ensalada de tomate　トマトサラダ, ensalada mixta　ミックスサラダ)

entremeses　前菜，オードブル

gazpacho　ガスパチョ：冷たい野菜スープ

gratén　グラタン (patatas al gratén　ポテトグラタン)

hamburguesa　ハンバーグステーキ，ハンバーガー

huevo　卵 (huevo duro　固ゆで卵, huevo frito　目玉焼き, huevos con jamón　ハムエッグ, huevo pasado por agua　半熟卵, huevos revueltos　スクランブルエッグ, huevo ranchero　〔メキシコ〕トルテーリャにチリトウガラシ，トマトなどをのせたいり卵)

jalea　ゼリー (jalea real　ロイヤルゼリー)

menú del día　（メキシコ・comida corrida）定食

merienda　軽食，間食，おやつ

pan　パン (pan francés　フランスパン, pan inglés [de molde]　食パン, pan rallado　パン粉, pan tostado　トースト)

pastel　（小さな）ケーキ；パイ (pastel de queso　チーズケーキ, pastel de carne　ミートパイ)

patatas fritas　フライドポテト，ポテトチップス

postre　デザート (de postre　デザートに)

potaje　ポタージュ

salsa　ソース，ドレッシング (salsa blanca　ホワイトソース, salsa de mostaza　マスタードソース, salsa de soja [soya]　醤油, salsa de tomate　トマトソース, salsa mayonesa　マヨネーズソース, salsa picante [= salsa mexicana]　〔メキシコ／中米〕チリソース, salsa tártara　タルタルソース, salsa vinagreta　フレンチドレッシング, tabasco　タバスコ)

sandwich　サンドイッチ

sopa　スープ (consomé　コンソメ, crema de espárragos　アスパラガスのクリームスープ, sopa de ajo　ニンニクスープ, sopa de caldo de gallina　鶏のコンソメスープ, sopa de cebolla　オニオンスープ, sopa de crema　クリームスープ, sopa de fideos　ヌードルスープ, sopa de mariscos　魚介スープ, sopa de verduras　野菜スープ)

tacos　（メキシコ／中米）タコス：チーズ，鶏肉，豚肉などをトルティーリャにのせて巻いた食べ物

tarta　（デコレーションのついた大きな）ケーキ (tarta de queso　チーズケーキ, tarta de Reyes　クリスマスケーキ, tarta helada　アイスケーキ, tarta nupcial　ウェディングケーキ)

torta　（メキシコ）サンドイッチ

tortilla　（メキシコ／中米）トルティーリャ：トウモロコシ粉または小麦粉を練り，薄く円形状にのばして焼いたもの

tortilla española　(= tortilla de patatas)　トルティーリャ・エスパニョーラ：スペイン風のジャガイモ入りオムレツ

香料・調味料　Especias / Condimentos

aceite　油 (aceite de girasol　ヒマワリ油, aceite de maíz　コーン油, aceite de oliva　オリーブ油)

ajo　ニンニク

albahaca　バジリコ

azafrán　サフラン

azúcar 砂糖
berro クレソン
canela シナモン
chile / ají トウガラシ
crema / nata 生クリーム
jengibre ショウガ
laurel ローリエ，月桂樹の葉
manteca 油脂
mantequilla バター
margarina マーガリン
menta / hierba buena ハッカ，ミント

mermelada ジャム
miel 蜂蜜
mostaza マスタード
orégano オレガノ
perejil パセリ
pimentón パプリカ
pimienta コショウ
romero ローズマリー
sal 塩
tocino 豚の脂身
vinagre 酢

肉類　Carne

carnero 羊肉，マトン
cerdo 豚肉
chorizo チョリソ（豚肉を香辛料で味付けした腸詰め）
cordero 子羊肉
jamón ハム (jamón ahumado 薫製ハム，jamón serrano 生ハム)
pollo 若鶏，鶏肉 (pollo asado ローストチキン)

salchicha サルチチャ：細いソーセージ（総じての「ソーセージ」は embutido）
salchichón サルチチョン：サラミソーセージ
ternera 子牛肉
tocino ベーコン
vaca 牛肉 (bistec ビーフステーキ，chuleta 骨付きあばら肉，hígado レバー，lengua タン，lomo ロース，rosbif ローストビーフ，solomillo ヒレ)

魚介類　Pescados y Mariscos

almeja アサリ
anchoa (= anchova) アンチョビー
anguila ウナギ
angula シラスウナギ
atún マグロ
bacalao タラ
besugo タイ
bonito カツオ
boquerón カタクチイワシ
caballa サバ
calamar イカ
camarón 小エビ
cangrejo カニ
carpa コイ
gamba （小形の）エビ
jurel アジ

langosta イセエビ，ロブスター
langostino クルマエビ
lenguado シタビラメ
lubina スズキ
mejillón ムール貝
merluza メルルーサ（タラの一種）
ostra カキ
pez de colores (= pez dorado) 金魚
pez espada カジキマグロ
pez volador トビウオ
pulpo タコ
rodaballo カレイ
salmón サケ
sardina イワシ
trucha マス
vieira ホタテ貝

野菜・穀物　Verduras y Cereales

alcachofa アーティチョーク
apio セロリ
batata（ラ米・camote）サツマイモ

berenjena ナス
brécol / brócoli ブロッコリー
brotes de soja モヤシ

3

calabacín　ズッキーニ
calabaza　カボチャ
cebada　大麦
cebolla　タマネギ
cebolleta　ネギ
champiñón　マッシュルーム
col / repollo　キャベツ
col china　白菜
coliflor　カリフラワー
espaguetis　スパゲッティ
espárrago　アスパラガス
espinaca　ホウレンソウ
garbanzo　ガルバンソ，ヒヨコマメ
haba　ソラマメ
harina　小麦粉
hongo / seta　キノコ
judía　インゲンマメ
lechuga　レタス

lenteja　レンズマメ
macarrones　マカロニ
maíz　トウモロコシ
maní / cacahuete　ピーナッツ
nabo　カブ
pasta　パスタ
patata（ラ米・papa）ジャガイモ
batata　サツマイモ
pepino　キュウリ
pimiento　ピーマン
puerro　ポロネギ，長ネギ
quínoa / quinua　キノア：アンデス山脈
　　原産のヒエの一種で食用
rábano　赤カブ
soja / soya　大豆
tomate　トマト
trigo　小麦
zanahoria　ニンジン

果物・果実　Frutas y Frutos
aguacate　アボカド
albaricoque（メキシコ・chabacano）ア
　　ンズ，アプリコット
almendra　アーモンド
ananá(s) / piña　パイナップル
bellota　ドングリ
caqui　カキ
castaña　クリ
cereza　サクランボ
ciruela　プラム，スモモ；ウメの実
ciruelo　ウメの木
coco　ココナッツ
fresa　イチゴ
granada　ザクロ
guayaba　グアバ
higo　イチジク

lima　ライム
limón　レモン
mandarina　ミカン
mango　マンゴー
manzana　リンゴ
melocotón / durazno　モモ
melón　メロン
naranja　オレンジ
nuez　クルミ
oliva / aceituna　オリーブ
papaya　パパイヤ
pera　ナシ
plátano（ラ米・banana）バナナ
pomelo　グレープフルーツ
sandía　スイカ
uva　ブドウ (pasa　干しブドウ)

飲み物　Bebidas
agua　水
agua mineral　ミネラルウォーター
aguardiente　蒸留酒
brandy　ブランデー
café　コーヒー (café americano　アメリ
　　カン，café capuchino　カプチーノ，
　　café con leche　カフェオレ，café

cortado　ミルクを少量入れたコーヒー，
café descafeinado　カフェイン抜きコー
ヒー，café exprés　エスプレッソ，café
instantáneo　インスタントコーヒー，
café solo〔ラ米・café negro〕　ブラッ
クコーヒー，café turco　トルココーヒ
ー，café vienés　ウィンナーコーヒー)

caña （細長いグラスの）ビール

cerveza ビール (cerveza de barril　生ビール，cerveza negra　黒ビール)

chocolate ココア (chocolate con leche　ミルクココア)

cóctel (= coctel) カクテル

cola コーラ

coñac コニャック

cortado (= café cortado)

gaseosa 炭酸水

gin (= ginebra) ジン (gin limón　ジンフィズ，gin tonic　ジントニック)

ginger-ale ジンジャエール

horchata オルチャータ：カヤツリグサから作る清涼飲料水

jerez シェリー（酒）：スペインの Jerez de la Frontera 産の白ワイン

leche 牛乳，ミルク (leche caliente　ホットミルク，leche condensada　コンデンスミルク，leche de cabra　山羊の乳，leche en polvo　粉ミルク)

licor リキュール

limonada レモネード

manzanilla マンサニージャ，カミツレ茶

margarita マルガリータ

refresco 冷たい飲物，清涼飲料水，炭酸飲料

ron ラム

pisco ピスコ：ペルーの Pisco 産のブドウから作られる蒸留酒

sangría サングリア

sidra リンゴ酒

soda ソーダ水

té 茶，紅茶 (= té negro) (té con leche　ミルクティー，té con limón　レモンティー，té de coca　コカ茶：アンデス産のコカの葉で作る，té en bolsitas　ティーバッグ，té oolong　ウーロン茶，té verde　緑茶，mate　マテ茶 [= té de Paraguay, té de los jesuitas])

tequila テキーラ：竜舌蘭から作るメキシコ産の蒸留酒

vino blanco 白ワイン

vino tinto 赤ワイン

vino rosado ロゼワイン

vino seco 辛口ワイン

vino dulce 甘口ワイン

vino de mesa テーブルワイン

vino de la casa ハウスワイン

vodka ウォッカ

whisky ウイスキー (whisky con hielo　オンザロック，whisky escocés　スコッチウイスキー，Bourbon whisky　バーボンウイスキー)

zumo ジュース (= jugo) (zumo de frutas　フルーツジュース，zumo de limón　レモンジュース，zumo de naranja　オレンジジュース，zumo de tomate　トマトジュース)

衣類・服飾　Ropas y Trajes

abrigo コート (abrigo de piel　毛皮のコート)

anillo 指輪

blusa ブラウス

boina ベレー帽

bolso ハンドバッグ

botas ブーツ (botines　ショートブーツ)

bragas パンティー

broche ブローチ

bufanda マフラー

calcetín ソックス，靴下

calzoncillos (= calzones) パンツ，トランクス

camisa シャツ，ワイシャツ

camiseta Tシャツ

cazadora (= chamarra) ジャンパー

chaleco チョッキ

chaqueta 上着，ジャケット

chaqueta de punto カーディガン

cinturón ベルト

collar ネックレス

corbata ネクタイ

falda スカート

gorra （野球帽などひさし付きの）帽子

gorro 縁なし帽

guantes 手袋

impermeable レインコート

jersey （ラ米・suéter） セーター

5

medias ストッキング
minifalda ミニスカート
manoplas （親指だけ分かれている）手袋
pantalones ズボン，スラックス (pantalones cortos 半ズボン, pantalones vaqueros [tejanos] / vaqueros / jeans ジーンズ)
pañuelo ハンカチ，スカーフ
pijama (= piyama) パジャマ
polo ポロシャツ
reloj de pulsera 腕時計
ropa interior 下着
sandalias サンダル

sombrero 帽子 (sombrero de Panamá パナマ帽, sombrero de paja 麦わら帽子, sombrero flexible ソフト帽)
sujetador (= sostén, brassier) ブラジャー
traje 服，スーツ (traje de baño 水着, traje de etiqueta [ceremonia] 礼服, traje de noche [gala] イブニングドレス, traje largo ロングドレス)
vestido ドレス
zapatillas de deporte （メキシコ・tenis) スニーカー
zapatos 靴 (zapatos de tacón alto ハイヒール)

店のいろいろ　Tiendas

bodega (= licorería) 酒店
cafetería 喫茶店
carnicería 精肉店
confitería 菓子店
droguería 雑貨店；（南米）薬局
estanco (= tabaquería) タバコ店
farmacia 薬局
ferretería 金物店
floristería (= florería) 生花店
frutería 果物店
heladería アイスクリーム店
Internet-café インターネットカフェ
joyería 宝石店
lavandería (= tintorería) クリーニング店
librería 書店
mercado マーケット，市場
panadería パン店

papelería 文房具店
pastelería ケーキ店
peluquería 理髪店
perfumería 化粧品店
pescadería 鮮魚店
quiosco キオスク
relojería 時計店
salón de belleza 美容院
salón de té ティールーム
sastrería テーラー
supermercado スーパーマーケット
tienda de discos レコード店
tienda de electrodomésticos 家電器店
tienda de modas (= boutique) ブティック
tienda de vídeos ビデオレンタル店
verdulería 青果店
zapatería 靴店

交通機関　Medios de transportes

aerobús エアバス
ambulancia 救急車
autobús バス
autocar 観光バス
avión 飛行機 (avion de hélice プロペラ機, avión de reacción [= jet] ジェット機)
avioneta 軽飛行機
barco 船 (barco de recreo 遊覧船)
buque 大型船

camión トラック
camión cisterna タンクローリー
camioneta ライトバン
coche 自動車 (= automóvil)
coche de bomberos 消防車
coche patrulla パトロールカー
furgoneta familiar ステーションワゴン
jeep ジープ
helicóptero ヘリコプター
hidroavión 水上飛行機

hidroplano (= hidróptero) 水中翼船
jumbo ジャンボジェット
metro 地下鉄 (metropolitanoの省略形，アルゼンチンでは subte [subterráneo] の省略形)
microbús マイクロバス

planeador グライダー
taxi タクシー
tranvía 路面電車
tren 列車，電車 (→「駅」参照)
trolebús トロリーバス

樹木・花　Árboles y Flores

bambú タケ
cedro スギ
cerezo サクラ
clavel カーネーション
crisantemo キク

dalia ダリア
jardín botánico 植物園
orquídea ラン
pino マツ
rosa バラ

動物・鳥類・爬虫類　Animales, Aves y Reptiles

águila ワシ
búho フクロウ
burro ロバ
caballo ウマ
cabra ヤギ
cebra シマウマ
cerdo ブタ
chimpancé チンパンジー
ciervo シカ
cocodrilo ワニ
cóndor コンドル
cuervo カラス
elefante ゾウ
gallina 雌鶏
gallo 雄鶏
golondrina ツバメ
gorila ゴリラ
gorrión スズメ

hipopótamo カバ
jaguar ジャガー
jirafa キリン
león ライオン
leopardo (= pantera) ヒョウ
paloma ハト
mono サル
orangután オランウータン
oso クマ
toro 雄ウシ
pingüino ペンギン
rana カエル
serpiente ヘビ
tiburón サメ
tortuga カメ
vaca 雌ウシ
zoo (= parque zoológico) 動物園
zorro キツネ

住居・キッチン　Vivienda y Cocinas

abrelatas 缶切り
abridor (= abrebotellas, destapador) 栓抜き
almohada 枕
balcón バルコニー
baño (= cuarto de baño) バスルーム
bol (料理に使う)ボール
cama ベッド
champú シャンプー

cojín クッション
colchón マットレス，敷き布団
cortina カーテン
cuchara スプーン
cuchillo 包丁，ナイフ
dormitorio (ラ米・recámara) 寝室
ducha シャワー
entrada 玄関
estéreo (= esterefonía) ステレオ

frigorífico (= refrigerador, nevera)　冷蔵庫
garaje　ガレージ
horno　オーブン
jabón　石鹸
jardín　庭
lavadora　洗濯機
mesa　テーブル
microondas (= horno microondas)　電子レンジ
olla　鍋 (olla a presión [= olla exprés]　圧力鍋)
ordenador（ラ米・computadora）　コンピューター（→「コンピューター」参照）
palillo　爪楊枝
palillos　箸
pared　壁
patio　中庭
persiana　ブラインド

porche　ポーチ
puerta　ドア
sábana　シーツ
sacacorchos　（ワインの）コルク抜き
servicios（ラ米・baño）　トイレ
silla　椅子 (sillón　肘掛け椅子)
sofá　ソファ
sonido　オーディオ (disco compacto [CD]　コンパクトディスク，CD)
tejado　屋根
televisión (= televisor)　テレビ
tenedor　フォーク
terraza　テラス
toalla　タオル
tostador　トースター
ventana　窓 (ventanal　大窓)
vídeo　ビデオ（デッキ）

色　Colores

amarillo　黄 (amarillo dorado　山吹色)
azul　青 (azul celeste　空色，スカイブルー，azul cobalto　コバルトブルー，azul marino　紺，ネイビーブルー，azul turquí　藍色)
beige　ベージュ
bermellón　朱，バーミリオン
blanco　白
color rosa　ピンク色
escarlata　緋色，スカーレット
granate　ざくろ色，えんじ色 (granate corinto　ワインレッド)
granza　茜色

gris　灰色，グレー
marrón　栗色，茶色
morado　紫（色）
naranja　オレンジ色
negro　黒
pardo　褐色
rojo　赤
rosa　バラ色 (rosa claro　桜色，ピンク)
verde　緑 (verde celedón　青磁色，verde (de) musgo　モスグリーン，verde esmeralda　エメラルドグリーン，verde oliva　オリーブグリーン)
violeta　すみれ色 (= violado)

人体・疾患　Cuerpo humano y Enfermedades

alergia　アレルギー
alzheimer　アルツハイマー病
apendicitis　虫垂炎
arteriosclerosis　動脈硬化
artritis　関節炎
astigmatismo　乱視
ataque　発作 (ataque cardíaco [de corazón]　心臓発作)
boca　口

brazo　腕
cabeza　頭
calentura　熱
cáncer　癌
cara　顔
ceja　眉
cólera　コレラ
corazón　心臓 (enfermedad del corazón [= enfermedad cardíaca]　心臓病)

8

cuello 首
diabetes 糖尿病
dolor 痛み (dolor de cabeza 頭痛, dolor de espalda 腰痛, dolor de estómago 胃痛, dolor de muelas 歯痛, dolor de tripas [vientre] 腹痛, dolor latente [sordo] 鈍痛, dolores de parto 陣痛, dolores musculares 筋肉痛)
enfermedad 病気, 疾患 (enfermedad contagiosa 伝染病, enfermedad de Parkinson パーキンソン病, enfermedad infantil 小児病, enfermedad mental [nerviosa] 精神障害, 精神病, enfermedad profesional 職業病)
epidemia 流行病
epilepsia てんかん
epistaxis 鼻出血
estómago 胃
fiebre 熱, 熱病 (fiebre amarilla 黄熱病)
fractura 骨折 (fractura complicada 複雑骨折, fractura craneal [del cráneo] 頭蓋骨骨折)
frente 額
gastritis 胃炎
gripe / influenza インフルエンザ, 流行性感冒
hepatitis 肝炎
hernia ヘルニア
hígado 肝臓 (mal de hígado[= enfermedad hepática] 肝臓病)
hipermetropía 遠視
hipertensión 高血圧症
hipotensión 低血圧
hombro 肩
impotencia 勃起不全
indigestión 消化不良
insolación 日射病

insomnio 不眠症
intestino 腸 (intestino ciego 盲腸)
inyección 注射
mandíbula 顎
mareo めまい
mejilla 頬
miopía 近視
muñeca 手首
nariz 鼻
ojo 目
operación 手術
oreja 耳
órgano 臓器
orzuelo ものもらい
páncreas 膵 (すい) 臓
pecho 胸
pie 足（足首から下）
pierna 脚
pirosis 胸焼け
polinosis 花粉症
pólipo ポリープ
presbicia 老眼
pulmonía 肺炎
resfriado 風邪
reumatismo リューマチ
riñón 腎臓
supuración 化膿
tensión 血圧
tifoidea 腸チフス
tifus チフス
tobillo くるぶし, 足首
tos 咳
tuberculosis 結核
úlcera 潰瘍 (úlcera de estómago 胃潰瘍, úlcera duodenal 十二指腸潰瘍)
vacunación ワクチン注射, 種痘
vaso sanguíneo 血管 (arteria 動脈, vena 静脈)

親族関係　Parentesco

abuela 祖母
abuelo 祖父
bisabuela 曾祖母
bisabuelo 曾祖父
bisnieto 曾孫

cabeza de familia 家長, 世帯主
comadre (実母と代母が互いに呼び合う呼称, その間柄は compadrazgo)
compadre (実父と代父が互いに呼び合う呼称, その間柄は compadrazgo)

cónyuge 配偶者	**marido / esposo** 夫
cuñada 義姉妹	**matrimonio** 婚姻, 夫婦
cuñado 義兄弟	**media naranja** 伴侶
gemelo 双生児	**mujer / esposa** 妻
hermana 姉妹	**nieto / a** 孫
hermanastra 異父 [異母] 姉妹	**niño / a** 男の子／女の子
hermanastro 異父 [異母] 兄弟	**padrastro** 継父
hermandad 兄弟姉妹関係	**padre** 父 (padre adoptivo 養父)
hermano 兄弟	**padre de familia** 家父
hija 娘 (la hija mayor 長女, la hija menor 末娘, hija política 義理の娘 [= nuera])	**padres** 両親
	padrino 代父
hijo 息子 (hijo adoptivo 養子, hijo político 義理の息子, 娘婿 [= yerno], el hijo mayor 長男, el hijo menor 末っ子)	**prima** 従姉妹
	primo 従兄弟
	sobrina 姪
	sobrino 甥
madrastra 継母	**suegra** (= madre política) 姑
madre 母 (madre adoptiva 養母)	**suegro** (= padre político) 舅
madrina 代母	**tía** 叔母
	tío 叔父

2. 旅行

飛行機　Avión

altura 高度	**despegue** 離陸 (despegar 離陸する)
asiento 座席	**diferencia de horas** 時差
aterrizaje 着陸	**equipaje de mano** 手荷物
auriculares イヤホン	**estante de equipaje** 荷物棚
avión de reacción ジェット機	**jumbo** ジャンボジェット
azafata (ラ米・aeromoza) 客室乗務員	**lámpara** 読書灯
billete de avión 航空券 (billete de ida 片道切符, billete de ida y vuelta 往復切符, billete abierto オープン・チケット)	**línea aérea** 航空路線
	manta 毛布
	número del vuelo フライトナンバー
	pasaje 航空券
botón de la llamada 呼び出しボタン	**pasajero／a** 乗客
cabina de pilotaje コックピット	**primera clase** ファーストクラス
capitán 機長	**servicios en vuelo** 機内サービス
chaleco salvavidas 救命胴衣	**sobrecargo** パーサー
cinturón de seguridad 安全ベルト	**tarjeta de embarque** 搭乗券
clase económica エコノミークラス	**tripulante** 乗員

空港　Aeropuerto

aduana 税関	maletín 小型スーツケース, mochila リュックサック)
artículo libre de impuestos 免税品	
baúl トランク (bolsa de viaje 旅行用手提げかばん, maleta スーツケース,	**cambio** 両替, 為替
	cancelación キャンセル

carrito カート
casa de cambio 両替店
con destino a... …行きの
consigna 手荷物預かり所
consigna automática コインロッカー
control de inmigración 入国管理
control de pasaportes 入国審査
cheques de viaje トラベラーズチェック
declaración de aduana 税関申告書
equipaje 荷物 (exceso de equipaje 超過手荷物)
escala 途中着陸 (hacer escala en ... …に着陸する)
exceso de peso 超過重量
inspección sanitaria 検疫
mostrador カウンター (mostrador de Iberia イベリア航空のカウンター)
oficina de objetos perdidos 遺失物取扱所
pasaporte パスポート (certificado internacional de vacunación 国際予防接種証明書, イエローカード)
pista de aterrizaje 滑走路
procedente de ... …発の
puerta de embarque 搭乗ゲート
recogida de equipaje 荷物引き取り所
reserva 予約
resguardo 手荷物引換証
retraso（フライトの）遅れ (= demora)
seguro de accidentes de viaje 旅行傷害保険
tarjeta de identidad 身分証明書
terminal (aérea) エアーターミナル
tienda libre de impuestos 免税店
trámites de entrada 入国手続き
tránsito トランジット
vestíbulo de salida 出発ロビー
visado (ラ米・visa) ビザ, 査証
vuelo directo (= vuelo sin escala) 直行便

宿泊 Alojamiento

albergue juvenil ユースホステル
caja fuerte セーフティーボックス
camarero/a ボーイ／メイド
con ducha シャワー付き
folleto turístico 観光パンフレット
fonda (= hostal, posada) 宿屋
gerente 支配人
guardarropa クローク
habitación 部屋 (habitación compartida 相部屋, habitación de matrimonio ダブルルーム, habitación doble ツインルーム, habitación individual [sencilla] シングルルーム)
maletero ポーター
objeto de valor 貴重品
parador パラドール, 国営観光ホテル
pensión (= casa de huéspedes) 下宿屋
plano 市街地図
portero ドアマン
propina チップ
recepción 受付, フロント
registro チェックイン
reservar 予約する (= hacer la reserva de…)
salida de habitación チェックアウト
suite スイートルーム
una noche 一泊
vestíbulo ロビー

駅 Estación

andén プラットホーム
AVE アベ, スペインの新幹線 (Alta Velocidad Española)
coche 車両 (coche cama 寝台車, coche comedor 食堂車 [= coche restaurante])
compartimento コンパートメント
consigna 手荷物預かり所
horario 時刻表
mozo de estación ポーター, 赤帽
RENFE レンフェ, スペイン国有鉄道 (Red Nacional de Ferrocarriles Españoles)
sala de espera 待合室
tren bala （新幹線などの）超高速列車
tren rápido [expreso] 急行列車

港 Puerto／船舶 Barco

- **aerodeslizador** ホバークラフト
- **anclaje** 投錨，停泊
- **balanceo** 横揺れ，ローリング
- **barco de pasajeros** 客船
- **boya** ブイ
- **cabeceo** 縦揺れ，ピッチング
- **calma** 凪 (= bonanza)
- **camarote** 船室
- **capitán** 船長
- **crucero** クルーザー，巡航客船
- **dique** ドッグ
- **embarcadero** 埠頭，桟橋
- **faro** 灯台
- **ferry** フェリー (= transbordador)
- **guardacostas** 沿岸警備艇
- **marinero** 船員 (= marino)
- **milla marina** 海里
- **nudo** ノット
- **pesquero** 漁船
- **petrolero** 石油タンカー
- **piloto** 水先案内人
- **vapor** 汽船
- **velero** 帆船
- **yate** ヨット

電話 Teléfono

- **cabina telefónica** 電話ボックス
- **extensión** 内線
- **guía telefónica** (ラ米・directorio) 電話帳
- **llamada internacional** 国際通話
- **llamada interurbana** 市外通話
- **llamada urbana** 市内通話
- **mensaje／recado** 伝言
- **prefijo** 市外局番
- **prefijo de país** 国番号
- **ranura** カード差込口，硬貨投入口
- **receptor telefónico / auricular** 受話器
- **tarjeta de teléfono** テレホンカード
- **teléfono celular [móvil]** 携帯電話
- **teléfono público** 公衆電話

3. 時事・略語

経済 Economía

- **acción** 株式，株券
- **accionista** 株主
- **acreedor** 債権者
- **anualidad / pensión** 年金
- **auge** 好況，ブーム
- **balanza comercial** 貿易収支
- **beneficio / ganancias** 収益
- **bienes de consumo** 消費財
- **boicot / boicoteo** ボイコット，不買同盟
- **bolsa** 株式取引所，証券市場 (bolsa negra 闇市場)
- **bono** 債券 (bono público 公債)
- **capital** 資本
- **cártel** カルテル，企業連合
- **control de calidad** 品質管理
- **cotización** 建値，見積もり
- **crecimiento económico** 経済成長
- **crédito** クレジット (crédito a corto [largo] plazo 短期〔長期〕貸付)
- **crisis económica** 経済危機
- **crisis monetaria** 金融恐慌
- **deflación** デフレーション
- **déficit comercial** 貿易赤字
- **demanda** 需要
- **depresión económica** 経済不況
- **descuento** 割引
- **deuda externa** 対外債務
- **devaluación** 平価切り下げ
- **dinero efectivo** 現金
- **divisas** 外貨
- **dumping** ダンピング，不当廉売
- **economía capitalista** 資本主義経済
- **economía liberal** 自由主義経済
- **economía socialista** 社会主義経済
- **empresa transnacional [multinacional]** 多国籍企業
- **estabilidad económica** 経済安定
- **estancamiento económico** 経済停滞

12

financiamiento 資金調達，融資

fondo 資金 (fondo de operaciones　運転資金)

gastos 経費 (gastos corrientes　経常経費，gastos diversos　雑費，gastos generales　諸経費，gastos de mantenimiento　維持費)

giro 為替，為替手形 (giro postal　郵便為替)

holding 持ち株会社

impuesto sobre el consumo 消費税

impuesto sobre el valor añadido (= IVA) 付加価値税

impuesto sobre la renta 所得税

impuesto progresivo 累進課税

industrialización 工業化

inflación インフレーション

infraestructura インフラストラクチャー，基礎的な経済基盤

ingresos 収入，所得

innovación イノベーション，革新

interés 利息，金利 (tipo de interés　利率)

inversión en maquinaria y equipos 設備投資

inversión pública 公共投資

inversionista 投資家

mano de obra 労働力

manufactura 家内制手工業

materia prima 原材料

mecanización 機械化

moneda 貨幣 (moneda metálica　硬貨，moneda nacional　自国通貨)

moratoria モラトリアム，支払い猶予期間

oferta 供給，オファー

operación bursátil 株式取引

país avanzado 先進国

país en vías de desarrollo 開発途上国

país industrializado 工業国

país subdesarrollado 低開発国

poder adquisitivo (de compra) 購買力

precio oficial 公定価格

préstamo 貸付 (金) (préstamo incobrable　不良債権)

privatización 民営化

productividad 生産性，生産力

productos 産品，商品 (productos acabados　完成品，productos alimenticios　食品，productos en bruto　未加工品，productos manufacturados　工業製品，productos semimanufacturados　半製品)

producto interior bruto (PIB) 国内総生産 (英 GDP)

producto nacional bruto (PNB) 国民総生産 (英 GNP)

recursos propios 自己資本 [資金]

redistribución del ingreso 所得再配分

rentabilidad 収益性

sanción económica 経済制裁

sector privado 民間部門

sector público 公共部門

Sociedad Anónima 株式会社 (略 S.A.)

superávit comercial 貿易黒字

superproducción 過剰生産

sustitución de importación 輸入代替

tasa de cambio 為替レート

trabajo compartido ワークシェアリング

trust トラスト，企業合同

商業　Comercio

anticipo / adelanto 前払い金

balance 貸借対照表

cambio exterior 外国為替

carta de crédito 信用状 (英 L/C, letter of credit)

certificado de origen 原産地証明書

cheque 小切手

comercialización 商品化；市場調査

comercio exterior [internacional] 外国 [国際] 貿易

comisión 手数料，コミッション

compañía 会社 (= Cia., Co.)

competencia 競争

competidor 競争相手

compra 買い付け，購入

comprobante 領収証

consumidor 消費者

contador público 公認会計士

contrato de compraventa 売買契約
corredor ブローカー
cotización / estimación 見積もり
c.s.f. (costo, seguro y flete) 運賃保険料込値段 (英 C.I.F.)
cuenta 勘定 (書)
déficit 欠損, 赤字
derechos arancelarios 関税
endoso 裏書き
existencias 在庫品
exportación 輸出
exportador 輸出業者
f.a.b. (franco a bordo) 本船渡し (英 F.O.B.)
fabricante メーカー, 製造業者
factura 送り状, インボイス
importación 輸入
importador 輸入業者
importe / monto 金額
indemnización 補償, 賠償
índice de precios 物価指数
letra de cambio 為替手形
letra protestada [rechazada, no atendida] 不渡手形
libro de contabilidad 会計帳簿
maquiladora 関税免除輸出加工制度
marca registrada 登録商標
margen 利ざや, マージン

mayorista 卸売業者
mensualidad 月賦金
mercado 市場 (mercado común 共同市場, mercado nacional [interior] 国内市場, mercado negro 闇市場)
mercadotecnia (= mercadeo) 市場調査
monopolio 独占, 専売
pagaré 約束手形
pago 支払い (pago al contado 現金払い, pago inicial 頭金)
P.D. 追伸 (= posdata)
póliza de seguro 保険証券
precio 価格, 値段 (precio de mercado 市場価格, precio fijo 定価, precio neto 正味価格)
reembolso 払い戻し, 返金
subida / aumento [alza] de precios 価格高騰
suma 合計 (金額)
superávit 黒字, 剰余金
vencimiento 支払い期限
vendedor 販売人, セールスマン
venta 販売 (venta al por mayor 卸売り, venta al por menor 小売り, venta bajo coste 出血廉売)
zona de libre cambio (ラ米・zona de libre comercio) 自由貿易地域
zona franca 免税区域

労働 Trabajo

accidente de trabajo 労働災害
agencia de colocaciones 職業斡旋所
aprendiz 徒弟, 見習い
artesano 職人
asalariado サラリーマン
ascenso 昇格
capataz 職長, 現場監督
clase obrera 労働者階級
colocación 就職, 就業
condiciones de trabajo 労働条件
conflictos laborales 労働争議
contrato de trabajo 労働契約
dependiente 店員
desempleado / a 失業者
desempleo 失業 (=desocupación) (nivel

[tasa] de desempleo 失業率)
despido 解雇 (despido colectivo 大量解雇)
empleado 従業員, 社員, 被雇用者
empleador 雇用者
empleo 雇用
empresario 事業者
especialista 専門家
formación profesional 職業訓練
horas de trabajo 労働時間
horas extras [extraordinarias] 超過勤務時間, 残業時間
huelga ストライキ (huelga de brazos caídos [cruzados] 座り込みスト, huelga de celo 順法闘争, huelga

de hambre　ハンガー・ストライキ，
huelga de transportes　交通スト，
huelga espontánea [salvaje]　山猫ス
ト，huelga general　ゼネスト，huelga
patronal　ロックアウト)

huelguista　ストライキ参加者
jornada　１日の労働 (jornada de ocho
horas　１日8時間労働，trabajo de
media jornada　パートタイムの仕事，
trabajo de jornada entera [completa]
フルタイムの仕事)
jornal　日給
jubilación / retiro　定年
manifestación　示威運動，デモ
Ministerio de Trabajo　労働省
negociación　交渉 (negociaciones colec-
tivas　団体交渉)
obrero / trabajador　労働者
oficial　職員，役人
oficinista　事務員
parado / a　失業者
paro　失業；（ラ米）ストライキ (paro
encubierto　潜在失業，paro forzoso

一時解雇，レイオフ)
pensión de vejez　老齢年金
personal　人員，人事 (departamento de
personal　人事部，gastos de personal
人件費)
pleno empleo　完全雇用
proletariado　プロレタリア，労働者階級
rompehuelgas／esquirol　スト破り
sabotaje　サボタージュ，怠業
salario　賃金 (salario mensual　月給，
salario mínimo　最低賃金，salario neto
正味給料，salario por hora　時間給，
salario semanal　週給)
sindicato　労働組合
subsidio de paro／seguro de desempleo
失業保険
sueldo　給与，サラリー (aumento de
sueldo　昇給，sueldo base　基本給)
trabajo estacional　季節労働
trabajo por horas　パートタイム
vacaciones pagadas [retribuidas]　有給
休暇
vacante　欠員

政治　Política

absolutismo　絶対主義
abstención　（選挙の）棄権
acuerdo　協定
administración　行政
agregado comercial　商務担当官
agregado cultural　文化担当官
agregado militar　駐在武官
alcalde　市長，町（村）長
anarquismo　無政府主義，アナーキズム
anarquista　無政府主義者，アナーキスト
armisticio　停戦
autonomía　自治
autoritarismo　専制主義
ayuntamiento　市役所，役場
beligerancia　交戦状態
Cámara alta　上院
Cámara baja　下院
Cámara de Senadores　参議院，上院
campaña electoral　選挙戦
candidato / a　立候補者

capitalismo　資本主義
caudillo　カウディーリョ，（軍事的集団の）
首領，総統
centralización　中央集権
comunismo　共産主義
conducto diplomático　外交ルート
confederación　連邦（化）
Congreso　（メキシコの）国会
**Congreso de Diputados / Cámara de
Diputados**　衆議院，下院
conservadurismo　保守主義
cónsul　領事
consulado　領事館
convenio　協約
convocar　（議会を）召集する
Cortes (=Cortes Españolas)　（スペイ
ンの）国会
cuerpo diplomático　外交団
democracia　民主主義
derecho de voto　選挙［投票］権

15

descentralización　地方分権
destierro　国外追放
destitución　罷免，免職
dictador　独裁者
dictadura / autocracia　独裁制［政治］
Dieta　（日本などの）国会，議会
dimisión del Gobierno　内閣総辞職
diplomacia　外交
diplomático　外交官
diputado　下院［衆議院］議員
disolución　（議会）解散
elecciones generales　総選挙
embajada　大使館
embajador　大使
Estado　国，国家；州
estado de excepción　非常事態
estado de sitio　戒厳状態
exilio　国外追放，亡命
extraterritorialidad　治外法権
fascismo　ファシズム
gabinete　内閣
gobernador　知事
gobierno　政府，統治 (gobierno absoluto
　　絶対政治，専制支配，gobierno federal
　　連邦政府，gobierno interino　暫定内閣，
　　gobierno provisional　臨時政府)
golpe de Estado　クーデター
hombre de Estado / estadista / político
　　政治家
imperialismo　帝国主義
imperio　帝政，帝国
jefe del Estado　国家元首
justicia　司法
legación　公使館
legado / ministro　公使
legislación　立法
levantamiento / insurrección　蜂起，決起
liberalismo　自由主義
marxismo　マルクス主義
mayoría absoluta　絶対多数
militarismo　軍国主義
moción de censura contra el gobierno
　　内閣不信任案
monarca　君主
monarquía　君主制［国］(monarquía

constitucional　立憲君主制，monar-
quía parlamentaria　議会君主制)
motín　暴動
municipio　市町村
nacionalismo　民族主義，ナショナリズム
nazismo　ナチズム
neutralidad　中立
papeleta de votación　投票用紙
parlamentario / diputado　（スペインの）
　　国会議員
parlamentarismo　議会主義
parlamento　（英，仏，独，伊国などの）
　　国会，議会
paz　平和，講和条約 (paz perpetua　恒久
　　平和)
presidente　大統領
presidente del Gobierno
　　/ primer ministro　首相
príncipe　王子
privilegio diplomático　外交特権
razón de Estado　国是
reajuste ministerial　内閣改造
rebelión / revuelta　反乱
referéndum　レファレンダム，国民投票
regente　摂政
régimen　体制，政体 (antiguo régimen
　　旧体制，régimen parlamentario　議会
　　制)
reina　女王，王妃
república　共和制［国］
revolución　革命
rey　国王
rotura de relaciones diplomáticas　国
　　交断絶
senador　上院［参議院］議員
separación de la religión y la política
　　[la Iglesia y el Estado]　政教分離
separación de poderes　三権分立 (poder
　　ejecutivo　行政権，poder judicial　司
　　法権，poder legislativo　立法権)
sistema bicameral　二院制
socialismo　社会主義
tratado　条約 (tratado de amistad y
　　comercio　修好通商条約，tratado de
　　paz　平和条約，講和条約)

16

votación 投票 (votación a mano alzada 挙手採決, votación nominal 記名投票, votación secreta 無記名投票)

votante 投票者

voto 決議, 票 (voto de confianza 信任決議, voto de no confianza 不信任決議, voto en blanco 白票, voto nulo 無効票, voto de calidad 決定票, キャスティングボート)

社会・環境　Sociedad / Medio ambiente

accidente nuclear 原発事故

ácido desoxirribonucleico (ADN) デオキシリボ核酸 (DNA)

acosador ストーカー

acoso sexual セクシャルハラスメント

agujero de ozono オゾンホール

anciano / na 高齢者

asistencia 援助；救済, 看護 (asistencia médica [sanitaria] 治療, 医療, asistencia pública domiciliaria 〔スペインの〕在宅介護, asistencia social 社会福祉)

bienestar 福祉 (bienestar social 社会福祉, Estado de bienestar 福祉国家)

calentamiento global 地球温暖化

capa de ozono オゾン層

contaminación 汚染 (contaminación ambiental 環境汚染, 公害, contaminación atmosférica 大気汚染, contaminación radiactiva 放射能汚染)

delincuencia juvenil 少年犯罪

derechos humanos 人権

desastre [catástrofe] natural 自然災害 (alud de fango y piedras 土石流, caída de rayo 落雷, derrumbamiento de tierras 地滑り, 土砂崩れ, El Niño エル・ニーニョ現象〔ペルー沖の海水温が異常に上昇する気象現象. 低くなる現象は La Niña〕, erupción volcánica 火山噴火, huracán ハリケーン, inundación 洪水, 浸水, lluvia torrencial 豪雨, ráfaga de viento 突風, terremoto 地震, tifón 台風, tornado トルネード, tromba de agua 集中豪雨, trueno 雷)

desertización 砂漠化

deshechos industriales 産業廃棄物

deshechos [desperdicios] radiactivos 放射性廃棄物

destrucción medioambiental 環境破壊

dioxina ダイオキシン

Dirección General del Medio Ambiente （スペインの）環境庁

discriminación racial 人種差別

discriminación sexual 性差別

ecología エコロジー, 自然環境

ecologista エコロジスト (organización ecologista 環境保護団体)

energía solar 太陽エネルギー

envejecimiento demográfico [de la población] 高齢化

evaluación de impacto ambiental 環境アセスメント

freón フロンガス

gen 遺伝子 (= gene) (ingeniería genética 遺伝子工学, alimento transgénico [trasgénico] 遺伝子組み替え食品)

genoma humano ヒトゲノム

globalización グローバリゼーション,

higiene 衛生 (学), 保健 (higiene ambiental 環境衛生, higiene pública 公衆衛生, higiene mental 精神衛生, higiene de los alimentos 食品衛生)

lluvia ácida 酸性雨

patrimonio de la humanidad （ユネスコの）世界遺産

protección medioambiental 環境保護

rayos infrarrojos 赤外線

rayos ultravioletas / ultravioleta 紫外線

reciclaje リサイクル (papel reciclado 再生紙)

recursos naturales 天然資源

seguro 保険 (seguro contra accidentes 災害〔傷害〕保険, seguro de desempleo 失業保険, seguro de salud 健康保険, seguro de vida 生命保険,

seguro social 社会保険)

servicio 奉仕；勤務；サービス；公益事業
(servicio incluido サービス料込み，
servicio militar 兵役，servicio
postventa アフター・サービス，servi-
cio público 公共サービス，servicios
a domicilio 宅配サービス，servicios
sociales 社会福祉〔事業〕)

sin barrera バリアフリーの

smog fotoquímico 光化学スモッグ

sociedad 社会；団体；会社 (alta
sociedad 上流社会，sociedad con
alto envejecimiento de la población
高齢化社会，sociedad conyugal 婚姻
関係，〔民法上の〕夫婦，sociedad
cooperativa 協同組合，sociedad de
consumo 消費社会，sociedad de elite
[élite] エリート社会，sociedad de
socorros mutuos 共済組合，sociedad
deportiva スポーツクラブ，sociedad
moderna 現代社会，sociedad protec-
tora de animales 動物愛護協会)

urbanización 都市化；新興住宅地，ニュ
ータウン (obras de urbanización de la
ciudad 都市開発事業)

violencia doméstica ドメスティック・
バイオレンス (DV) (= violencia de
género)

略語 Abbreviaturas

AIEA (Agencia Internacional de Energía Atómica) 国際原子力機関（IAEA）

AOD (Asistencia Oficial para el Desarrollo) 政府開発援助（ODA）

COI (Comité Olímpico Internacional) 国際オリンピック委員会（IOC）

EEB (Encefalopatía Espongiforme Bovina) 牛海綿状脳症（BSE）
(= enfermedad [mal] de las vacas locas)

FMI （Fondo Monetario Internacional) 国際通貨基金（IMF）

OCED (Organización de Cooperación Económica y Desarrollo)
経済協力開発機構（OECD）

ONU (Organización de las Naciones Unidas) 国際連合

OPEP (Organización de Países Exportadores de Petróleo) 石油輸出国機構（OPEC）

OTAN (Organización del Tratado del Atlántico del Norte) 北大西洋条約機構（NATO）

SIDA (Síndrome de Inmunodeficiencia Adquirida) 後天性免疫不全症候群（AIDS）

UE (Unión Europea) 欧州連合（EU）

UNESCO (Organización de las Naciones Unidas para la Educación,
Ciencia y Cultura) 国連教育科学文化機関，ユネスコ

UNICEF (Fondo de las Naciones Unidas para la Infancia) 国際児童基金，ユニセフ

4. コンピューター・サッカー
コンピューター Ordenador (ラ米・**Computadora**)

actualizar アップデートする

archivo / fichero ファイル

arroba アットマーク (@)

bajar / descargar ダウンロードする

banda ancha ブロードバンド

barra de desplazamiento スクロールバー

barra de herramientas ツールバー

base de datos データベース

borrar クリア

búsqueda 検索

caja de herramientas ツールボックス

cámara digital デジタルカメラ

cancelar （強制）終了する，キャンセルする

carpeta フォルダ

clave / contraseña パスワード

click / clic クリック

congelar フリーズする

copia de seguridad バックアップ

correo electrónico 電子メール
cortar y pegar カット＆ペースト
cuadro フレーム
cualidad / propiedad プロパティ
cursor カーソル
desplazar スクロールする
dirección アドレス
disco duro ハードディスク
disquete フロッピーディスク
enlace リンク
entrada 入力
escáner スキャナー
fibra óptica 光ファイバー

icono アイコン
instalación インストール
inicializar 初期化する
línea digital asimétrica de abonado
　ADSL
marcador ブックマーク
página web ホームページ
proveedor プロバイダー
ratón マウス
reiniciar リセットする，再起動する
retroceso バックスペース
teclado キーボード
unidad ドライブ

サッカー Fútbol

alineación inicial 先発出場選手
área de penalti ペナルティーエリア
asistencia アシスト
ataque 攻撃
balón ボール
barrera 壁
cabezazo ヘディング
campo / cancha グランド
capitán キャプテン
casa ホーム（グランド）
centrocampista ミッドフィルダー
círculo central センターサークル
defensa ディフェンダー
delantero フォワード
derrota 敗北
descanso ハーフタイム
despejar クリアする
disparar / chutar シュートを放つ
empate 引き分け
entrenador/a 監督
espectador/a 観衆
estadio スタジアム
expulsión 退場
extremo ウイング
falta ファウル
F.I.F.A. = Federación Internacional de
　Asociaciones de Fútbol 国際サッカ
　一連盟

finta フェイント
fuera de juego オフサイド
gol ゴール，得点
gol en propia meta / autogol オウンゴ
　ール
hincha ファン，サポーター
juez 審判
lateral サイドバック
mano ハンド
pase パス
portería ゴールマウス
portero / guardameta ゴールキーパー
poste ゴールポスト
prórroga 延長戦
quiniela サッカーくじ
rematador ストライカー
remate / chut シュート
saque de esquina コーナーキック
saque de meta ゴールキック
saque inicial キックオフ
saque lateral スローイン
selección 代表
tiempo añadido ロスタイム
tiro シュート，キック
tiro directo 直接フリーキック
tarjeta amarilla イエローカード
tarjeta roja レッドカード
victoria 勝利
visita アウェイ

5. 基本動詞活用集 (時制別)

〈直説法現在〉

ser : soy, eres, es, somos, sois, son
estar : estoy, estás, está, estamos, estáis, están

規則動詞

hablar : hablo, hablas, habla, hablamos, habláis, hablan
comer : como, comes, come, comemos, coméis, comen
vivir : vivo, vives, vive, vivimos, vivís, viven

語根母音変化動詞

a) e → ie
pensar : pienso, piensas, piensa, pensamos, pensáis, piensan
　　　　同じ活用パターンを持つ動詞：cerrar, comenzar, empezar, entender, perder,
　　　　　　　　　　　　　　　　　preferir, querer, recomendar, sentar, sentir

b) o → ue
contar : cuento, cuentas, cuenta, contamos, contáis, cuentan
　　　　同じ活用パターンを持つ動詞：almorzar, costar, devolver, dormir, encontrar,
　　　　　　　　　　　　　　　　　morir, mover, poder, recordar, volver, soler

c) u → ue
jugar : juego, juegas, juega, jugamos, jugáis, juegan

d) e → i
pedir : pido, pides, pide, pedimos, pedís, piden

一人称単数形が不規則な動詞

dar 　　 : doy, das, da, damos, dais, dan
ver 　　 : veo, ves, ve, vemos, veis, ven
saber 　 : sé, sabes, sabe, sabemos, sabéis, saben
conocer : conozco, conoces, conoce, conocemos, conocéis, conocen
hacer 　 : hago, haces, hace, hacemos, hacéis, hacen
poner 　 : pongo, pones, pone, ponemos, ponéis, ponen
caer 　　 : caigo, caes, cae, caemos, caéis, caen
traer 　 : traigo, traes, trae, traemos, traéis, traen
salir 　 : salgo, sales, sale, salimos, salís, salen
caber 　 : quepo, cabes, cabe, cabemos, cabéis, caben

その他の不規則動詞

tener : tengo, tienes, tiene, tenemos, tenéis, tienen
venir : vengo, vienes, viene, venimos, venís, vienen
decir : digo, dices, dice, decimos, decís, dicen
oír 　 : oigo, oyes, oye, oímos, oís, oyen
ir 　　 : voy, vas, va, vamos, vais, van

〈直説法点過去〉

規則動詞

hablar： hablé, hablaste, habló, hablamos, hablasteis, hablaron
comer： comí, comiste, comió, comimos, comisteis, comieron
vivir ： viví, viviste, vivió, vivimos, vivisteis, vivieron

不規則動詞 (-e, -iste, -o ; -imos, -isteis, -ieron が共通する)

estar ： estuve, estuviste, estuvo, estuvimos, estuvisteis, estuvieron
tener ： tuve, tuviste, tuvo, tuvimos, tuvisteis, tuvieron
venir ： vine, viniste, vino, vinimos, vinisteis, vinieron
andar ： anduve, anduviste, anduvo, anduvimos, anduvisteis, anduvieron
poder ： pude, pudiste, pudo, pudimos, pudisteis, pudieron
poner ： puse, pusiste, puso, pusimos, pusisteis, pusieron
saber ： supe, supiste, supo, supimos, supisteis, supieron
hacer ： hice, hiciste, hizo, hicimos, hicisteis, hicieron
querer ： quise, quisiste, quiso, quisimos, quisisteis, quisieron

不規則動詞 (-e, -iste, -o ; -imos, -isteis, -eron が共通する)

decir ： dije dijiste dijo dijimos dijisteis dijeron
traer ： traje trajiste trajo trajimos trajisteis trajeron
conducir： conduje, condujiste, condujo, condujimos, condujisteis, condujeron

その他の不規則動詞

dar ： di, diste, dio, dimos, disteis, dieron
ser/ir： fui, fuiste, fue, fuimos, fuisteis, fueron

〈直説法線過去〉

規則動詞

hablar： hablaba, hablabas, hablaba, hablábamos, hablabais, hablaban
comer： comía, comías, comía, comíamos, comíais, comían
vivir ： vivía, vivías, vivía, vivíamos, vivíais, vivían

不規則動詞 (3動詞のみ)

ser ： era, eras, era, éramos, erais, eran
ir ： iba, ibas, iba, íbamos, ibais, iban
ver ： veía, veías, veía, veíamos, veíais, veían

〈直説法未来〉 (不定詞の語尾 + -é, -ás, -á, -emos, -éis, -án)

規則動詞

hablar ： hablaré, hablarás, hablará, hablaremos, hablaréis, hablarán
comer ： comeré, comerás, comerá, comeremos, comeréis, comerán
vivir ： viviré, vivirás, vivirá, viviremos, viviréis, vivirán

不定詞の語尾 (-er) の母音 (-e-) が脱落する動詞

poder： podré, podrás, podrá, podremos, podréis, podrán
同じ活用パターンを持つ動詞：**saber, querer, haber**

不定詞の語尾 (-er, -ir) の母音 (-e-, -i-) が -d- に変わる動詞

poner： pondré, pondrás, pondrá, pondremos, pondréis, pondrán
同じ活用パターンを持つ動詞：**salir, tener, venir**

その他の不規則動詞

hacer： haré, harás, hará, haremos, haréis, harán
decir： diré, dirás, dirá, diremos, diréis, dirán

〈直説法過去未来〉　（不定詞 + -ía, -ías, -ía, -íamos, -íais, -ían）

規則動詞

hablar： hablaría, hablarías, hablaría, hablaríamos, hablaríais, hablarían
comer： comería, comerías, comería, comeríamos, comeríais, comerían
vivir　： viviría, vivirías, viviría, viviríamos, viviríais, vivirían

不定詞の語尾 (-er) の母音 (-e-) が脱落する動詞

poder： podría, podrías, podría, podríamos, podríais, podrían
同じ活用パターンを持つ動詞：**saber, querer, haber**

不定詞の語尾 (-er, -ir) の母音 (-e-, -i-) が -d- に変わる動詞

poner： pondría, pondrías, pondría, pondríamos, pondríais, pondrían
同じ活用パターンを持つ動詞：**salir, tener, venir**

その他の不規則動詞

hacer： haría, harías, haría, haríamos, haríais, harían
decir： diría, dirías, diría, diríamos, diríais, dirían

〈接続法現在〉

規則動詞

hablar　： hable, hables, hable, hablemos, habléis, hablen
comer　： coma, comas, coma, comamos, comáis, coman
escribir： escriba, escribas, escriba, escribamos, escribáis , escriban

不規則動詞 （直説法現在1人称単数形を基につくられる動詞）

hacer： haga, hagas, haga, hagamos, hagáis, hagan
同じ活用パターンを持つ動詞：**conocer, ver, poner, tener, venir, decir, oír**

その他の不規則動詞

ir	:	vaya, vayas, vaya, vayamos, vayáis, vayan
saber	:	sepa, sepas, sepa, sepamos, sepáis, sepan
ser	:	sea, seas, sea, seamos, seáis, sean
estar	:	esté , estés, esté, estemos, estéis, estén
dar	:	dé, des, dé, demos, deis, den
haber	:	haya, hayas, haya, hayamos, hayáis, hayan

〈接続法過去〉

hablar	:	hablara, hablaras, hablara, habláramos, hablarais, hablaran
		hablase, hablases, hablase, hablásemos, hablaseis, hablasen
comer	:	comiera, comieras, comiera, comiéramos, comierais, comieran
		comiese, comieses, comiese, comiésemos, comieseis, comiesen
vivir	:	viviera, vivieras, viviera, viviéramos, vivierais, vivieran
		viviese, vivieses, viviese, viviésemos, vivieseis, viviesen
ser/ir	:	fuera, fueras, fuera, fuéramos, fuerais, fueran
		fuese, fueses, fuese, fuésemos, fueseis, fuesen
tener	:	tuviera, tuvieras, tuviera, tuviéramos, tuvierais, tuvieran
		tuviese, tuvieses, tuviese, tuviésemos, tuvieseis, tuviesen

6. 基数・序数・月名・曜日

基数

0 cero	1 uno	2 dos	3 tres
4 cuatro	5 cinco	6 seis	7 siete
8 ocho	9 nueve	10 diez	

序数

1 primero	2 segundo	3 tercero	4 cuarto
5 quinto	6 sexto	7 séptimo	8 octavo
9 noveno	10 décimo		

月名

1月 enero	2月 febrero	3月 marzo	4月 abril
5月 mayo	6月 junio	7月 julio	8月 agosto
9月 septiembre	10月 octubre	11月 noviembre	12月 diciembre

曜日

| 月 lunes | 火 martes | 水 miércoles | 木 jueves |
| 金 viernes | 土 sábado | 日 domingo | |

7. 旅行で使えるフレーズ集

■ 空港で

イベリア航空のカウンターはどこですか？

¿Dónde está el mostrador de Iberia?

マドリード行き（の座席）を予約したいのですが.

Quisiera reservar un asiento para Madrid. (= Quisiera un billete para Madrid.)

２日の便の空席はありますか？

¿Hay asientos libres para el día dos? (= ¿Tienen billetes para el vuelo del día dos?)

飛行機のリコンファームをしたいのですが.

Quisiera reconfirmar mi vuelo.

搭乗時間は何時ですか？

¿Cuál es la hora de embarque?

この飛行便は何時に出発（到着）しますか？

¿A qué hora sale (llega) este vuelo?

イベリア航空バルセロナ行きの搭乗ゲートはどこですか？

¿Dónde está la puerta de embarque del vuelo de Iberia para Barcelona?

IB074便の搭乗ゲートはどこですか？

¿Cuál es la puerta de embarque del vuelo IB074?

手荷物一時預り所はどこですか？

¿Dónde está consigna?

この荷物を預かっていただきたいのですが.

Quisiera dejar este equipaje, por favor.

■ 機内で

（搭乗券を見せて）私の座席はどこでしょうか？

¿Dónde está mi asiento?

荷物はここに置いていいですか？

¿Puedo poner el equipaje aquí?

（後ろの座席の人に）シートを倒してもいいですか？

¿Puedo reclinar el asiento?

窓側（通路側）の座席に替えていただけませんか？

¿Podría darme un asiento al lado de la ventana (al lado del pasillo)?

日本語の新聞はありますか？	**¿Tiene algún periódico japonés?**
すみませんが，毛布をください.	**Déme una manta, por favor.**
枕と毛布をください.	**Una almohada y una manta, por favor.**
お水を一杯いただけますか？	**¿Podría darme un vaso de agua?**

気分が悪いので，すみませんが何か薬をください.

Me siento mal. Déme algunas pastillas, por favor.

嘔吐袋を持ってきていただけますか？

¿Podría traerme una bolsa para el mareo?

入国カードの書き方（記入方法）を教えてくださいませんか？

¿Podría explicarme cómo llenar la tarjeta de desembarque?

免税品の機内販売はありますか？	**¿Venden artículos libres de impuestos?**
日本円で支払えますか？	**¿Puedo pagar en yenes japoneses?**

クレジットカードで払えますか？	¿Puedo pagar con tarjeta de crédito?
この飛行機（便）はパリに立ち寄るのですか？	¿Hace escala este avión (vuelo) en París?
この空港にはどのくらい停まるのですか？	¿Cuánto tiempo dura la escala?

▲ 機内の掲示ランプなど

（トイレなどが）空き **LIBRE**　使用中　**OCUPADO**

禁煙　**PROHIBIDO FUMAR. (= SE PROHIBE FUMAR.)**

シートベルトをご着用下さい．**ABRÓCHENSE EL CINTURÓN DE SEGURIDAD.**

（アナウンスで）お席にお戻りください．**Vuelva a su asiento, por favor.**

■ 入国

パスポートを見せてください．	Su pasaporte, por favor.
－はい，どうぞ．	Aquí tiene. (Aquí está mi pasaporte.)
あなたの国籍は？	¿Qué nacionalidad tiene usted?
－日本国籍です．	Tengo nacionalidad japonesa.
旅行の目的は何ですか？	¿Cuál es el objeto (motivo) de su viaje?
－観光（商用）です．	Por turismo (negocios).
－留学です．	Para estudiar español.
－トランジットです．	Soy un pasajero en tránsito.
２週間の滞在予定です．	Voy a quedarme dos semanas.

ホテル・プラサに宿泊する予定です．

Voy a quedarme (alojarme) en el Hotel Plaza.

このスーツケースを開けてください．これは何ですか？

Abra esta maleta. ¿Qué es esto?

－私の身の回り品です．	Son mis efectos personales.
－友人への土産品です．	Son regalos para mis amigos.
－日本酒（ウイスキー）です．	Es aguardiente japonés (whisky).
申告するものはありますか？	¿Tiene algo que declarar?
－申告するものはありません．	No tengo nada que declarar.
荷物はどこで受け取れますか？	¿Dónde se puede recoger el equipaje?
私の荷物が見あたりません．	No encuentro mi equipaje.
これが手荷物引換証です．	Esto es el resguardo de la facturación de mi equipaje.
紛失証明書を発行していただけますか？	¿Podría darme el comprobante de extravío?

■ 両替

この辺に銀行（両替所）はありますか？

¿Hay un banco (una casa de cambio) por aquí?

銀行は何時に開き（閉まり）ますか？

¿A qué hora abren (cierran) los bancos?

トラベラーズ・チェックを両替していただきたいのですが．

Quisiera cambiar este cheque de viajero (viaje).

レートはいくらですか？

¿A cómo está el cambio?

この紙幣をくずしていただけますか？

¿Puede (Podría) cambiarme este billete en monedas?

トラベラーズ・チェックは使えますか？
¿Aceptan cheques de viajero (viaje)?
手数料はいくらですか？　**¿Cuánto es la comisión?**
（ここにサインしてください．　**Firme aquí. (Su firma, por favor.)**

■ 空港から市内へ
カートはどこにありますか？　**¿Dónde están los carritos?**
観光案内所（リムジンバス乗り場，タクシー乗り場，地下鉄の駅）はどこにありますか？
¿Dónde está la oficina de turismo (la parada de limusina, la parada de taxis, la estación de metro)?
市街地図（観光ガイド）はありますか？
¿Tiene un plano de la ciudad (una guía turística)?
市内へ行くバスはありますか？
¿Hay autobús para ir al centro?
いいホテルを紹介していただけませんか？
¿Podría recomendarme algún hotel bueno?
ホテル（レンタカー）の予約をしていただけませんか？
¿Podría reservarme un hotel (un coche de alquiler)?
三ツ星のホテルをお願いします．
Un hotel de tres estrellas, por favor.

■ タクシー・バス・地下鉄・列車で
この住所（ホテル）まで行ってください．
A esta dirección (A este hotel), por favor.
市内（ダウンタウン）までタクシー代はいくらですか？
¿Cuánto es (cuesta) el taxi hasta el centro?
プラド美術館まで時間はどれくらいかかりますか？
¿Cuánto tiempo se tarda hasta el Museo del Prado?
市内を一周してください．　**Una vuelta por la ciudad, por favor.**
ここで停まってください．　**Pare aquí, por favor.**
バス停（バスターミナル）はどこですか？
¿Dónde está la parada de autobús (la terminal de autobús)?
切符売り場はどこですか？　**¿Dónde está la ventanilla?**
このバス（電車，地下鉄）はどこへ行くのですか？
¿A dónde va este autobús (tren, metro)?
このバスは何時に発車（到着）しますか？
¿A qué hora sale (llega) este autobús?
切符（地下鉄の回数券）はどこで買えますか？
¿Dónde se puede comprar el billete (un bono-metro)?
　　　metrobús: マドリード市内観光用のバスにも使える10回分の回数券
アルカラ・デ・エナーレスまで1枚いくらですか？
¿Cuánto cuesta un billete para Alcalá de Henares?
この地下鉄はアトーチャ駅に行きますか？
¿Va este metro a Atocha?

26

スペイン広場に行くにはどこで降りればいいですか？

¿Dónde tengo que bajar para ir a la Plaza de España?

中央広場への出口はどちらですか？

¿Cuál es la salida a la Plaza Mayor?

ユーレイルパスは使えますか？

¿Se puede usar el Eurorail Pass?

１等の切符を２枚お願いします．

Dos billetes de primera clase, por favor.

バルセロナまでの往復を１枚お願いします．

Un billete de ida y vuelta a Barcelona, por favor.

セビーリャまでAVE (新幹線) １枚お願いします．

Un billete de AVE para Sevilla, por favor.

セビーリャ行きのAVEは何番ホームから発車しますか？

¿De qué andén sale el AVE para Sevilla?

AVE:	Alta Velocidad Española（略）（スペインの）新幹線
TALGO:	Tren Articulado Ligero Goicoechea Oriol（略）高速列車の車種名（技師ゴイコエチェアと資本家オリオルによって共同開発された）

バレンシアへの接続はありますか？

¿Hay enlace para Valencia?

この切符で途中下車できますか？

¿Se puede hacer escalas con este billete?

ここに座ってもいいですか？	**¿Puedo sentarme aquí?**
窓を開けてもいいですか？	**¿Puedo abrir la ventana?**
タバコを吸ってもいいですか？	**¿Puedo fumar?**
食堂車はありますか？	**¿Hay coche restaurante?**

トレドまであとどのくらいで着きますか？

¿Cuánto falta para llegar a Toledo?

■ ホテルで

空室はありますか？

¿Hay una habitación libre?

予約してあります．　**Tengo una reserva.**

(予約してありません　**No tengo reserva.**)

バス付きのシングル（ダブル，ツイン）をお願いします．

Una habitación individual (de matrimonio, de dos camas) con baño, por favor.

エアコン付きシングルは一泊いくらですか？

¿Cuánto cuesta (vale) una habitación sencilla con aire acondicionado por noche?

静かな部屋をお願いしたいのですが．

Quisiera una habitación tranquila.

眺めのいい（バルコニー付きの）部屋をお願いします．

Una habitación con buena vista (con balcón), por favor.

何泊しますか？　**¿Cuántas noches se quedará (va a quedarse)?**

－３泊します．　**Tres noches, por favor. Me quedaré (Voy a quedarme) tres noches.**

朝食付きですか？　**¿Está incluido el desayuno?**

朝食は何時ですか？　**¿A qué hora es el desayuno?**

食堂は何階ですか？　¿En qué piso está el comedor?

税金とサービス料は込みですか？

　¿Están incluidos los impuestos y el servicio?

プール（エステティックサロン）はいくらで利用できますか？

　¿Cuánto cuesta entrar en la piscina (el salón de estética)?

予約金（前金）は払ってあります.　　Ya he pagado la reserva (el anticipo).

クレジットカードで支払いたいのですが.　Quisiera pagar con tarjeta de crédito.

クレジットカードで支払えますか？　¿Se puede pagar con tarjeta de crédito?

トラベラーズ・チェックは使えますか？　¿Aceptan cheques de viajero?

貴重品を貸金庫（セキュリティー・ボックス）に預けたいのですが.

　Quisiera dejar los artículos de valor en la caja de seguridad.

明朝6時にモーニングコールをお願いします.

　Llámeme mañana por la mañana a las seis, por favor.

　(= ¿Podría llamarme mañana por la mañana a las seis?)

チェックアウトは何時ですか？

　¿A qué hora hay que dejar la habitación?

　(= ¿A qué hora es la salida?)

荷物を3時まで預かっていただけますか？

　¿Podría guardarme el equipaje hasta las tres?

お湯が出ません.　　No sale agua caliente.

エアコン（ヒーター）の調子が良くないのですが.

　El aire condicionado (La calefacción) no funciona bien.

トイレの水が流れないのですが.　　No corre el agua del servicio.

トイレがつまってしまいました.　　Se ha atascado el servicio.

部屋を替えていただけますか？　　¿Podría cambiarme de habitación?

部屋に鍵を忘れてしまいました.　　He olvidado la llave en la habitación.

私宛に何か伝言がありますか？　　¿Hay algún recado (=mensaje) para mí?

ホセさんに伝言をお願いしたいのですが.

　Quisiera dejar un recado para Don José.

日本にメールしたいのですが　　Quisiera enviar un correo electrónico a mi casa.

■ 食事（レストランなどで）

どこかいいレストランはありますか？　¿Hay algún restaurante bueno por aquí?

スペインの名物料理を食べたいのですが.　Quisiera comer algo típico de España.

ここの名物料理が食べられる一番いいレストランを教えていただけますか？

　¿Podría recomendarme un buen restaurante de cocina típica?

予約していただけますか？　¿Podría hacer una reserva?

今夜9時，4人でお願いします.

　A las nueve de la noche, para cuatro personas, por favor.

禁煙席（テラス席）をお願いします.

　Una mesa para no fumadores (Una mesa en la terraza), por favor.

メニューをお願いします.　　La carta, por favor.

ハウスワインはありますか？　¿Tienen vino de la casa?

お薦めは何ですか？　¿Qué plato me recomienda?

ここのお薦めメニューは何ですか？
¿Cuál es la especialidad de la casa?
定食をお願いします． **El menú del día, por favor.**
ミディアム（レア，ウェルダム）に焼いてください．
Medio (Poco, Bien) hecho, por favor.
とてもおいしいです． **Está muy bueno.**
火が通っていません． **Está crudo.**
これは注文していません． **No he pedido esto.**
乾杯！ **¡Salud!**
お勘定をお願いします． **La cuenta, por favor.**
各自で払いたいのですが． **Quisiéramos pagar por separado.**
サービス料は込みですか？ **¿Está incluido el servicio?**
合計の金額が違うようですが． **¿Está bien la suma total?**
領収書をいただけますか？
¿Podría darme el recibo, por favor?

■ 道をたずねる
観光案内所はどこですか？ **¿Dónde está la oficina de turismo?**
プラド美術館へはどう行けばいいですか？ **¿Cómo se va al Museo del Prado?**
道に迷ってしまいました． **Me he perdido.**
近道はどれですか？ **¿Cuál es el camino más corto?**
ここから遠い（近い）ですか？ **¿Está lejos (cerca) de aquí?**
タクシーでどのくらいかかりますか？ **¿Cuánto tiempo se tarda en taxi?**
歩いて行けますか？ **¿Se puede ir andando?**

■ 観光
市街地図はありますか？ **¿Tienen un plano de la ciudad?**
無料ですか？ **¿Es gratis?**
観光ツアーはありますか？ **¿Hay alguna visita turística?**
日本語を話せるガイドさんはいますか？ **¿Tienen un guía que hable japonés?**
ホテルまで迎えに来てくれますか？ **¿Podría recogerme en el hotel?**
国立劇場では何をやっていますか？ **¿Qué ponen en el Teatro Nacional?**
フラメンコ（闘牛，サッカーの試合）を見たいのですが．
Quisiera ver (un espectáculo de) flamenco (una corrida de toros, un partido de fútbol).
フラメンコが見られるところを教えていただけますか？
¿Podría recomendarme algún tablao?
前売り券はありますか？ **¿Hay entradas de venta anticipada?**
当日券はありますか？ **¿Tienen entradas para hoy?**
今夜のチケットはまだありますか？ **¿Todavía quedan entradas para esta noche?**
この近くにディスコ（ゴルフ場）はありますか？
¿Hay alguna discoteca (algún campo de golf) cerca de aquí?
割引はありますか？ **¿Tienen algún descuento? (= ¿Hacen descuento?)**
案内書は販売していますか？ **¿Se venden guías?**
日本語版はありますか？ **¿Tienen versión en japonés?**

■ ショッピング

この近くにショッピングセンター（デパート）はありますか？
¿Hay algún centro comercial (grandes almacenes) por aquí?

電池はありますか？ **¿Tienen pilas?**

この地方の特産品は何ですか？ **¿Cuáles son los artículos típicos de esta región?**

化粧品はどこにありますか？ **¿Dónde se venden cosméticos?**

ハンドバッグを買いたいのですが． **Quisiera comprar un bolso.**

もっと安い（サイズの小さい）のはありませんか？
¿No tienen otro más barato (pequeño)?

他の色のものはありませんか？ **¿No tienen de otros colores?**

試着してもいいですか？ **¿Puedo probármelo?**

わたしには合いません． **No me queda bien.**

これにします． **Me quedo con esto.**

別々に包んでいただけますか？ **¿Podría envolvérmelos aparte?**

航空便（船便）で送っていただけますか？
¿Podría enviármelo por avión (barco)?

レジはどこですか？ **¿Dónde está la caja?**

円（クレジットカード）で支払えますか？
¿Puedo pagar en yenes (con tarjeta de crédito)?

これを取り替えたい（返品したい）のですが． **Quisiera cambiar (devolver) esto.**

■ 電話・ファックス・Eメールなど

（電話をかけるとき）もしもし． **¡Oiga!**（メキシコ・**¡Bueno!**，南米・**¡Aló!**）

（電話で答えるとき）もしもし． **¡Dígame!**

こちらは田中です． **Habla Tanaka.**

アビラさんのお宅ですか？ **¿Es la casa del Sr. Ávila?**

アビラさんをお願いします． **El señor Ávila, por favor.**

どちら様ですか？ **¿De parte de quién?**

すみません，間違えました． **Perdone, me he equivocado.**

よく聞こえません． **No le oigo bien.**

もっとゆっくり（大きな声で）話してください．
Más despacio (alto), por favor.

このあたりに公衆電話はありますか？
¿Hay algún teléfono público por aquí?

日本へコレクトコールをお願いしたいのですが．
Quisiera poner una conferencia a cobro revertido a Japón.

ファックスを送りたいのですが． **Quisiera enviar un fax.**

Eメールを送りたいのですが． **Quisiera enviar un mensaje por correo electrónico.**

電話番号は何番ですか？ **¿Cuál es su número de teléfono?**

■ 郵便局で

郵便局はどこですか？ **¿Dónde está (la oficina de) Correos?**

この辺に郵便ポストはありますか？ **¿Hay algún buzón por aquí?**

この小包を航空便で日本に送りたいのですが．
Quisiera enviar este paquete a Japón por avión.

切手はどこで売っていますか？	¿Dónde venden sellos? (ラ米・estampilla, timbre)
速達でお願いします．	Por correo urgente, por favor. (ラ米・expreso)
航空便（船便）でお願いします．	Por avión (barco), por favor.
船便では日本までいくらですか？	¿Cuánto cuesta por barco a Japón?

■ 病院で

気分がよくありません．	Me siento mal.
頭（胃）が痛いです．	Tengo dolor de cabeza (estómago).
体がだるいです．	Me encuentro débil.
熱があります．	Tengo fiebre.
寒気がします．	Tengo escalofrío.
下痢をしています．	Tengo diarrea.
怪我をしました．	Tengo una herida.
風邪をひきました．	He cogido un resfriado.
救急車を呼んでください．	Llame una ambulancia, por favor.
このあたりに薬局はありますか？	¿Hay alguna farmacia por aquí? (南米・droguería)
二日酔いの薬をください．	Una medicina para la resaca, por favor.
診断書をお願いします．	Quisiera un certificado médico.
処方箋をお願いします．	Déme una receta, por favor.

■ トラブル

助けて！	¡Socorro!
どろぼう！	¡Al ladrón!
火事だ！	¡Fuego!
パスポートをなくしました．	He perdido el pasaporte.

タクシーの中にビデオカメラを忘れました．
He olvidado mi videocámara en el taxi.

財布を盗られました．	Me han robado la cartera.
警察署に行きたいのですが．	Quisiera ir a la comisaría. (メキシコ・delegación)
警察を呼んでください．	Llame a la policía.

トラベラーズチェックを再発行していただけますか？
¿Pueden reexpedirme los cheques de viajero (viaje)?

クレジットカードを無効にしてください．
Anule la tarjeta de crédito.

紛失証明書を発行してください．
¿Podría hacerme un certificado de pérdida, por favor?

プラサ・マヨール
別冊「便利手帳」

検印
省略

© 2007年4月1日　改訂版初版発行
2014年1月30日　　第3刷発行

パロマ・トレナド
アルトゥーロ・バロン・ロペス

青砥清一
著　者　　　　　　　　　　高野雅司
高松英樹
二宮哲
柳沼孝一郎

発行者　　　　　　　　原　雅久
発行所　　　　株式会社　朝日出版社
101-0065　東京都千代田区西神田3-3-5
電話　03-3239-0271/72
振替口座　00140-2-46008
http://www.asahipress.com/
組版　クロス・コンサルティング/印刷　図書印刷

乱丁、落丁本はお取り替えいたします。